보고 듣고 말하고 쓰면서 기억하는

영단어 1000

VOCABULARY

교육의 길잡이 · 학생의 동반자

(주)교학사

구성과 특징

단순히 단어를 암기하는 것이 아니라,
단어의 철자와 그림을 보고,
음성을 듣고 따라 말하고 쓰면서 암기하는
신개념 단어 쓰기 노트입니다

▶ 하루에 20개씩 50일에 걸쳐 1,000개의 중학 필수 단어를 암기하는 과정

2009 개정 교육과정의 기본 어휘표와 중학교 전체 교과서 사용 어휘 중에서 활용 빈도가 높은 중요 단어 1,000개를 선별하여 구성하였습니다.

▶ 하루에 6개씩 50일에 걸쳐 300개의 중학 필수 숙어를 암기하는 과정

제7차 개정 교육과정의 중학교 전체 교과서의 사용 숙어 중에서 활용 빈도가 높은 중요 숙어를 선별하여 하루에 6개씩 50일에 걸쳐 300개를 구성하였습니다.

▶ MP3파일로 단어, 뜻, 예문을 듣고 말하면서 학습

전체 단어의 발음, 뜻, 예문을 MP3파일로 구성하여, 생생한 원어민 발음을 듣고 따라 말하면서 학습할 수 있도록 하였습니다.
(MP3파일 다운로드 www.kyohak.co.kr〉참고서〉교재자료〉중등)

▶ 단어를 직접 쓰면서 학습

전체 단어마다 쓰기 칸을 각각 제시하여, 원어민 발음을 듣고 따라 말하고 직접 쓰면서 단어를 익힐 수 있도록 하였습니다.

▶ 모든 단어를 시각화하여 구성

모든 단어의 뜻에 해당하는 그림을 함께 제시하여, 단어의 뜻을 이미지화하여 효과적으로 이해하고 기억할 수 있도록 하였습니다.

이 책에 쓰인 기호의 의미

• 품사 표시
㉮ 명사 ㉰ 대명사 ㉻ 형용사 ㉾ 부사 ㉽ 전치사 ㉿ 접속사 ㉯ 동사

• 중요도 표시
* 중요한 단어 ** 매우 중요한 단어

Contents

단어의 **머리**와 **꼬리**에 붙는 말

영어 단어의 앞부분이나 뒷부분에 붙어 단어의 뜻을 형성하는 데 중요한 역할을 하는 말들을 유형별로 정리하였습니다. 알아두면 어휘력을 몇 배로 늘릴 수 있어요!

접두사 파생어를 만드는 접사로, 어근이나 단어의 앞에 붙어 새로운 단어가 되게 하는 말

ant(e)- (~ 전의, ~보다 앞의)	antedate(~보다 선행하다), anticipate(예상하다)
ant(i)- (반대하는, 반대의)	antisocial(반사회적인), antiwar(반전의), antifreeze(부동액)
aqua- (물과 관련된)	aquaculture(수경 재배), aquarium(수족관), aquatic(물속에서 사는)
astro- (별과 관련된)	astronaut(우주 비행사), astrology(점성술), astronomy(천문학)
auto- (자신, 스스로, 저절로)	automatic(자동의), automobile(자동차), autograph(서명)
bi- (둘의)	bicycle(자전거), bilingual(두 개 언어를 할 줄 아는), biweekly(격주의)
bio- (생명과 관련된)	biography(전기), biology(생물학), biotechnology(생명 공학)
by- (~ 곁에)	bypass(우회 도로), byproduct(부산물), bystander(구경꾼)
co- (함께)	cooperate(협력하다), coordinate(조직화하다), coworker(동료)
com- (함께)	combination(결합), common(흔한), company(회사)
counter- (~에 반대하여)	counteract(대응하다), counterattack(반격), counterpart(상대)
dis- (부정, 반대)	disagree(의견이 다르다), disbelief(불신감), discourage(낙담시키다), dishonest(부정직한), dislike(싫어하다), displease(불쾌하게 하다), dissatisfy(불만을 느끼게 하다)
en- (~하게 하다)	enable(~할 수 있게 하다), encourage(격려하다), endanger(위험에 빠뜨리다)
ex- (밖으로)	exclude(제외하다), export(수출하다), exit(출구)
extra- (~ 밖의, ~을 넘어서)	extracurricular(과외의), extraordinary(비상한), extract(추출하다)
fore- (~ 전의, ~보다 앞의)	forecast(예보하다), foresee(예견하다), foretell(예고하다)
il- (반대, 역)	illegal(불법의), illiberal(편협한), illogical(비논리적인)
im- (반대, 역)	impatient(성급한), imperfect(불완전한), impolite(버릇없는), impossible(불가능한)
in- (반대, 역)	inability(무능), incapable(할 수 없는), incomplete(불완전한), inconvenient(불편한), independence(독립), indirect(간접적인), infamous(악명 높은), invisible(눈에 보이지 않는)
inter- (~ 사이)	interaction(상호 작용), interdependence(상호 의존), international(국제적인)
ir- (반대, 역)	irregular(불규칙적인), irresponsible(무책임한), irresistible(저항할 수 없는)
mis- (잘못, 그릇된)	misbehavior(버릇없음), misfortune(불운), misinterpret(오해하다), mislead(오도하다), mistake(실수), mistrust(불신하다), misunderstand(오해하다)
multi- (많은)	multiple(다수의), multimedia(다중 매체의), multinational(다국적의)
non- (부정, 결여)	nonsense(터무니없는 말), nonstop(도중에서 정거하지 않는), nonviolence(비폭력)
out- (바깥의)	outcome(결과), outdoor(야외의), outlook(전망)
over- (과도한, 넘어서)	overcrowded(너무 붐비는), overeat(과식하다), overflow(넘치다), overestimate(과대평가하다), overwork(과로하다)
post- (~ 후의)	postpone(연기하다), postscript(추신), postwar(전후의)
pre- (~ 전의, ~보다 앞의)	precede(앞서다), predict(예언하다), prehistoric(선사 시대의), preliminary(예비의), premature(조숙한), prewar(전전의)
pro- (앞의, 앞으로)	proceed(나아가다), progress(전진, 진행), prospect(전망, 가망)
re- (다시, 반대, 강화)	recall(상기하다), recover(회복하다), remind(생각나게 하다), return(되돌아가다), review(재검토하다), refuse(거절하다), reject(거부하다)
semi- (반(半))	semiautomatic(반자동의), semicircle(반원), semifinal(준결승)
sub- (~ 아래에)	submarine(해저의), subordinate(하급의), subway(지하철)

super- (초~, ~의 위에)	superman(초인(超人)), supermodel(슈퍼 모델), superstar(슈퍼스타)
sur- (~ 위에)	surface(표면), surpass(능가하다), surplus(과잉)
sym-/syn- (함께, 비슷한)	sympathy(동정), symphony(교향곡), synchronize(동시에 발생하다)
tele- (먼)	telegraph(전신), telephone(전화기), television(텔레비전)
trans- (가로질러)	transfer(이동하다), transform(변형시키다), translate(번역하다), transmit(전송하다), transplant(이식하다), transport(수송하다)
ultra- (극도로)	ultra-modern(초현대식의), ultrasound(초음파), ultraviolet(자외선)
un- (반대, 역)	unable(~할 수 없는), uncomfortable(불편한), uneasy(불안한), unfortunate(불운한), unhappy(불행한), unjust(부당한), unkind(불친절한), unusual(흔치 않은)
under- (밑에)	underground(지하), underline(밑줄), underwater(물속의), underwear(속옷)
uni- (하나의)	uniform(제복), union(연합), universe(우주)

접미사

파생어를 만드는 접사로, 어근이나 단어의 뒤에 붙어 새로운 단어가 되게 하는 말

1. 명사를 만드는 접미사

(1) 일반 접미사

-al (동사 + -al→명사)	approval(찬성), arrival(도착), denial(부정), refusal(거절), survival(생존), trial(시도)
-an/-ian (~ 소속인, ~과 관련된)	historian(역사가), politician(정치가), republican(공화당원)
-ance/-ence (행위, 상태, 성질)	appearance(출현), difference(다름), excellence(우수), existence(존재), importance(중요성), violence(폭력)
-dom (~의 성격, 영역, 직위, 상태)	freedom(자유), kingdom(왕국), wisdom(지혜)
-hood (시대, 상태)	brotherhood(형제애), childhood(어린 시절), neighborhood(이웃)
-ics (학과 명)	economics(경제학), mathematics(수학), politics(정치학), physics(물리학)
-(t)ion/-(s)ion (동작, 상태, 결과)	action(행동), addition(추가), connection(연결), decision(결정), discussion(토론), education(교육), impression(인상), invitation(초대)
-ity/-ty/-y (형용사를 명사로 만드는 접미사)	ability(능력), delivery(배달), difficulty(어려움), honesty(정직), safety(안전)
-ism (이념)	heroism(영웅적 행위), humanism(인문주의), mannerism(매너리즘), socialism(사회주의)
-ment (동작, 상태, 결과)	achievement(달성), agreement(일치), development(발달), excitement(흥분), movement(운동), statement(진술)
-ness (성질, 상태)	carelessness(부주의), darkness(어둠), fearfulness(무서움), happiness(행복), kindness(친절), politeness(공손함), sleepiness(졸림)
-ry (성질, 상태, 행위, 제품의 종류)	bravery(용감), rivalry(경쟁), slavery(노예의 신세), jewelry(보석류), machinery(기계류)
-ship (정신, ~의 상태)	fellowship(동료 의식), friendship(우정), leadership(지도력), hardship(곤란), membership(회원의 자격)
-th (동작, 상태)	depth(깊이), growth(성장), truth(진실), warmth(온기)

(2) 행위자를 나타내는 접미사

-ant	attendant(시중드는 사람), assistant(조수), servant(하인)
-ar	beggar(거지), liar(거짓말쟁이), scholar(학자)
-ee	employee(종업원), examinee(피험자), refugee(난민)
-eer/-ier	engineer(기사), financier(재정가), volunteer(자원봉사자)

-ent	president(대통령), resident(거주자), superintendent(감독관)
-er	baker(제빵사), dancer(무용수), leader(지도자), painter(화가), singer(가수), teacher(교사), writer(작가)
-ess (여성의 직업)	actress(여배우), goddess(여신), hostess(여주인)
-ian (~의 기술을 가진 자)	comedian(희극인), magician(마술사), musician(음악가), technician(기술자)
-ist	artist(예술가), novelist(소설가), pianist(피아노 연주가)
-or	actor(배우), editor(편집자), inventor(발명가)

2. 형용사를 만드는 접미사

-able/-ible (할 수 있는)	acceptable(받아들일 수 있는), agreeable(기꺼이 동의하는), available(이용할 수 있는), enjoyable(즐거운), flexible(신축성 있는), reliable(믿을 수 있는)
-(i)al (~과 관련 있는)	emotional(감정적인), national(국가의), original(최초의), racial(인종의)
-ant (~하는)	hesitant(주저하는), ignorant(무지한), significant(중요한)
-en (~으로 만든)	golden(금빛의, 금으로 만든), silken(비단의, 비단으로 만든), wooden(나무의, 나무로 만든), woolen(양모의)
-ern (~ 쪽의)	eastern(동쪽의), western(서쪽의), southern(남쪽의), northern(북쪽의)
-fold (~ 배의)	twofold(두 배의), tenfold(열 배의), manifold(다수의)
-ful (~으로 가득 찬)	beautiful(아름다운), careful(조심성 있는), doubtful(의심을 품은), fearful(무서운), hopeful(희망에 찬), painful(고통스러운)
-ic (~적인)	historic(역사적인), patriotic(애국적인), symbolic(상징적인)
-ish (~의 성격을 가진)	childish(어린이 같은, 유치한), foolish(어리석은), selfish(이기적인)
-ive (~한)	active(활동적인), negative(부정적인), positive(긍정적인)
-less (~이 없는)	careless(부주의한, 무관심한), fearless(무서워하지 않는), hopeless(희망을 잃은)
-like (~다운)	childlike(어린이다운), manlike(남자다운), sportsmanlike(운동가다운)
-ly (거듭되는)	daily(매일의), weekly(매주의), monthly(매달의), yearly(매년의)
-(i)ous (~하는)	dangerous(위험한), gracious(상냥한), mysterious(신비한)
-some (~ 경향의)	bothersome(귀찮은), quarrelsome(싸우기 좋아하는), troublesome(성가신)
-y (~이 풍부한, ~하는 경향이 있는)	cloudy(흐린, 구름이 많은), hairy(털이 많은), watery(물의), easy(쉬운), healthy(건강한, 건강에 좋은), rainy(비가 오는), salty(소금기 있는, 짠), sleepy(졸리는)

3. 부사를 만드는 접미사

-ly (~하게)	awfully(대단히), brightly(밝게), carefully(주의하여), easily(용이하게), probably(아마도), really(정말로), usually(보통), wildly(난폭하게)
-ward(s) (~쪽으로)	backward(뒤쪽으로), eastward(동쪽으로), forward(앞으로)
-wise (~한 방식·방향으로)	clockwise(시계 방향으로), likewise(마찬가지로), otherwise(만약 그렇지 않으면)

4. 동사를 만드는 접미사

-ate	activate(작동시키다), communicate(전달하다), stimulate(자극하다)
-en	deepen(깊게 하다), frighten(놀라게 하다), lighten(가볍게 하다), soften(부드럽게 하다)
-fy	glorify(찬미하다), justify(정당화하다), purify(정화하다), signify(의미하다)
-ize	apologize(사과하다), criticize(비판하다), emphasize(강조하다), familiarize(익숙하게 하다), memorize(기억하다, 암기하다), realize(실감하다)

0001-0010

____학년 ______반 이름 ____________

년 월 일 | 암기 단어수 ◯◯ / 10

단어의 발음과 뜻을 듣고 따라 말하면서 6회 써 보세요.

0001

voice
[vɔ́is]
명 목소리, 음성

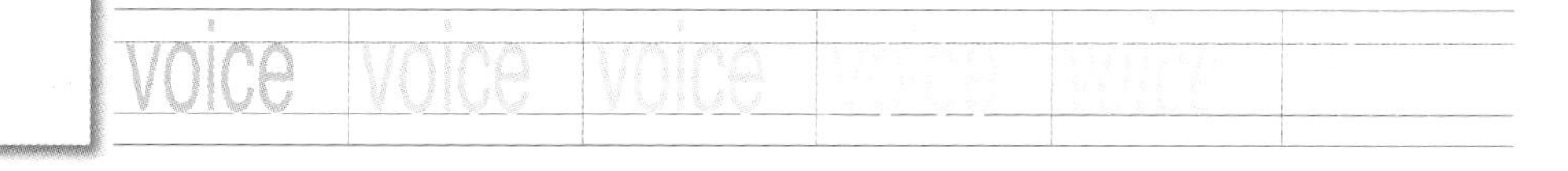

0002

father
[fá:ðər]
명 아버지

father father father father father

0003

way*
[wéi]
명 방법, 수단

way way way way way

0004

head
[hed]
명 머리, 고개, 뇌리

head head head head head

0005

full
[fúl]
형 가득한, 꽉 찬

full full full full full

0006

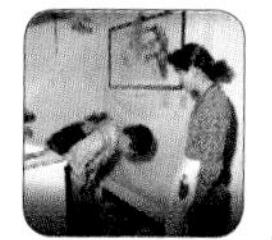

polite*
[pəláit]
형 예의 바른, 공손한

polite polite polite polite polite

0007

meet
[mí:t]
동 만나다

meet meet meet meet meet

0008

enjoy
[indʒɔ́i]
동 즐기다, 즐거워하다

enjoy enjoy enjoy enjoy enjoy

0009

act
[ǽkt]
동 행동하다

act act act act act

0010

cover*
[kʌ́vər]
동 가리다, 덮다

cover cover cover cover cover

____학년 ______반 이름 ______________

DAY 01 0011-0020

년 월 일 | 암기 단어수 ◯◯ / 10

단어의 발음과 뜻을 듣고 따라 말하면서 6회 써 보세요.

0011

wall
[wɔ́:l]
명 벽, 담

0012

leg
[lég]
명 다리

0013
lesson
[lésn]
명 수업, 교훈, 단원

0014
student
[stjú:dnt]
명 학생

0015
pair*
[pέər]
명 짝, 쌍, 두 사람

0016
boring**
[bɔ́:riŋ]
형 지루한, 재미없는

0017

join
[dʒɔ́in]
동 잇다, 함께하다

0018
often
[ɔ́:fən]
부 자주, 흔히, 보통

0019

fight
[fáit]
동 싸우다, 다투다

0020

knock
[nák]
동 두드리다, 치다

___학년 ______반 이름 ____________

DAY 01 Word Test 0001-0010

년 월 일 | 맞힌 단어수 ◯◯ / 10

단어와 뜻을 듣고 빈칸에 단어를 넣어 문장을 완성하세요. 그런 다음, 듣고 따라 말하면서 문장을 외우세요.

0001 Keep your v__________ down – the baby's asleep!
목소리를 낮춰. 아기가 자고 있잖아!

0002 I asked my f__________ to help me.
나는 아버지께 나를 도와달라고 요청했다.

0003 What's the best w__________ to learn English?
영어를 배우기 위한 최선의 방법이 무엇인가?

0004 She turned her h__________ and looked at me.
그녀는 고개를 돌려 나를 쳐다보았다.

0005 Don't talk with your mouth f__________!
입에 음식을 가득 넣고 말하지 마라!

0006 She is always very p__________.
그녀는 항상 아주 예의 바르다.

0007 I'd like to m__________ your sister.
나는 네 여동생을 만나고 싶다.

0008 I really e__________ed the concert.
나는 콘서트가 정말 즐거웠다.

0009 He a__________s without thinking.
그는 생각하지 않고 행동한다.

0010 Snow c__________ed the cars.
눈이 차들을 덮어 버렸다.

필수 숙어

001 A as well as B B뿐만 아니라 A도
He gave me clothes as well as food. 그는 나에게 음식뿐만 아니라 옷도 주었다.

002 a bit 약간, 조금 (= a little)
It's a bit cold. 조금 춥다.

003 above all 무엇보다도, 특히
Above all, beds should be comfortable. 무엇보다도, 침대는 편안해야 한다.

DAY 01 Word Test 0011-0020

년 월 일 | 맞힌 단어수 ◯◯ / 10

단어와 뜻을 듣고 빈칸에 단어를 넣어 문장을 완성하세요. 그런 다음, 듣고 따라 말하면서 문장을 외우세요.

0011 The Berlin W______________ came down in 1989.
Berlin 장벽은 1989년에 무너졌다.

0012 He fell and broke his l______________.
그는 넘어져서 다리가 부러졌다.

0013 How can we make English l______________s more interesting?
어떻게 우리는 영어 수업을 좀 더 재미있게 만들 수 있을까?

0014 She is a s______________ at Harvard University.
그녀는 Harvard 대학의 학생이다.

0015 a p______________ of shoes
구두 한 켤레

0016 The job is very b______________.
그 일은 아주 지루하다.

0017 I'd like to j______________ the newspaper club.
나는 신문 동아리에 가입하고 싶다.

0018 I o______________ see him in the park.
나는 공원에서 종종 그를 본다.

0019 We are f______________ing to be free.
우리는 자유를 얻기 위해 싸우고 있다.

0020 Please k______________ before entering.
들어오기 전에 노크해 주세요.

필수 숙어

004 according to ~ ~에 따라, ~에 의하면
According to the report, thirty people died from the accident. 보도에 의하면, 그 사고로 30명이 죽었다고 한다.

005 account for ~ ~을 설명하다
Please account for the incident. 그 사건을 설명해 주세요.

006 afford to ~ ~할 여유가 있다
I can't afford to buy the expensive car. 나는 그 비싼 차를 살 여유가 없다.

____학년 ____반 이름 ________

년 월 일 | 암기 단어수 ◯◯ / 10

단어의 발음과 뜻을 듣고 따라 말하면서 6회 써 보세요.

0021
picnic
[píknik]
명 소풍

0022
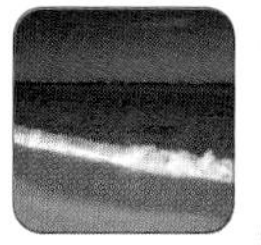
sea
[síː]
명 바다

0023

season
[síːzn]
명 계절, 철

0024

side
[sáid]
명 쪽, 측, 옆면

0025
high
[hái]
형 높은

0026

grow
[gróu]
동 커지다, 늘어나다

0027

teach
[tíːtʃ]
동 가르치다

0028

really
[ríːəli]
부 정말로, 실제로

0029

stand
[stǽnd]
동 서다, 서 있다

0030

dry*
[drai]
형 마른, 건조한

학년 반 이름

DAY 02 0031-0040

년 월 일 | 암기 단어수 / 10

단어의 발음과 뜻을 듣고 따라 말하면서 6회 써 보세요.

0031
library
[láibrèri]
명 도서관, 도서실

0032
child
[tʃáild]
명 아이, 어린이

0033
museum
[mjuːzíːəm]
명 박물관

0034
doll
[dál]
명 인형

0035
true
[trúː]
형 사실인, 진실인

0036
invite
[inváit]
동 초대하다, 초청하다

0037
pull
[púl]
동 끌다, 당기다

0038
soon
[súːn]
부 곧, 이내, 머지않아

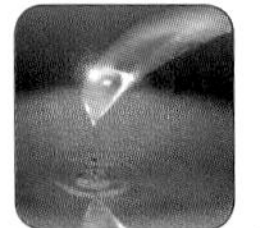

0039
drop*
[dráp]
동 떨어지다

0040
clear*
[klíər]
형 맑은, 분명한

0021-0030

____학년 ______반 이름 ____________

년 월 일 | 맞힌 단어수 ◯◯ / 10

단어와 뜻을 듣고 빈칸에 단어를 넣어 문장을 완성하세요. 그런 다음, 듣고 따라 말하면서 문장을 외우세요.

0021 We'll go on a p______________ this weekend.
우리는 이번 주말에 소풍을 갈 것이다.

0022 the East S______________
동해

0023 The British football s______________ begins in August and ends in May.
영국의 축구 시즌은 8월에 시작되어 5월에 끝난다.

0024 A triangle has three s______________s.
삼각형은 세 면을 갖고 있다.

0025 The Eiffel Tower is 324 meters h______________.
Eiffel 탑은 324미터 높이이다.

0026 Children g______________ so quickly.
아이들은 아주 빨리 성장한다.

0027 He t______________es Korean to foreign students.
그는 외국 학생들에게 한국어를 가르친다.

0028 I'm r______________ angry.
나는 정말 화가 난다.

0029 Mount Everest s______________s 8,848 meters.
Everest 산은 높이가 8,848미터이다.

0030 The plants grow well in a d______________ climate.
그 식물들은 건조한 기후에서 잘 자란다.

필수 숙어

007 **after a while** 잠시 후에
We will come back after a while. 우리는 잠시 후에 돌아올 것이다.

008 **ahead of ~** ~의 앞에, ~보다 이전에
We arrived ten minutes ahead of schedule. 우리는 예정보다 10분 먼저 도착했다.

009 **a kind of ~** 일종의 ~
It's a kind of vegetable. 그것은 일종의 채소이다.

DAY 02 Word Test 0031-0040

단어와 뜻을 듣고 빈칸에 단어를 넣어 문장을 완성하세요. 그런 다음, 듣고 따라 말하면서 문장을 외우세요.

0031 I sometimes go to a public l______________ near my house.
나는 종종 집 근처의 공립 도서관에 간다.

0032 The c______________ is the father of the man.
아이는 어른의 아버지이다.

0033 The m______________ is closed on Mondays.
그 박물관은 월요일마다 휴관한다.

0034 The d______________ looks cute but way too expensive.
그 인형은 귀여워 보이지만 너무 비싸다.

0035 Her story is all t______________.
그녀의 이야기는 모두 사실이다.

0036 She i______________d me to her party.
그녀는 그녀의 파티에 나를 초대했다.

0037 Help me move this box over there. You p______________ and I'll push.
이 상자를 저기로 옮기는 것을 도와줘. 네가 당기면 내가 밀게.

0038 I'll come again s______________.
곧 다시 올게.

0039 He d______________ped his cellphone.
그는 그의 휴대 전화를 떨어뜨렸다.

0040 His answer was very c______________.
그의 대답은 아주 명확했다.

필수 숙어

010 all kinds of ~ 모든 종류의 ~, 온갖 종류의 ~
We saw all kinds of wild flowers. 우리는 온갖 종류의 야생화를 보았다.

011 all of a sudden 갑자기 (= suddenly)
The traffic accident happened all of a sudden. 그 교통사고는 갑자기 일어났다.

012 all one's life 평생, 일생 내내
I've been doing the work all my life. 나는 평생 그 일을 해 왔다.

DAY 03 0041-0050

____학년 ______반 이름 ______________

년 월 일 | 암기 단어수 ◯◯ / 10

단어의 발음과 뜻을 듣고 따라 말하면서 6회 써 보세요.

0041

road
[róud]
명 도로, 길

road road road road road

0042

sky
[skái]
명 하늘

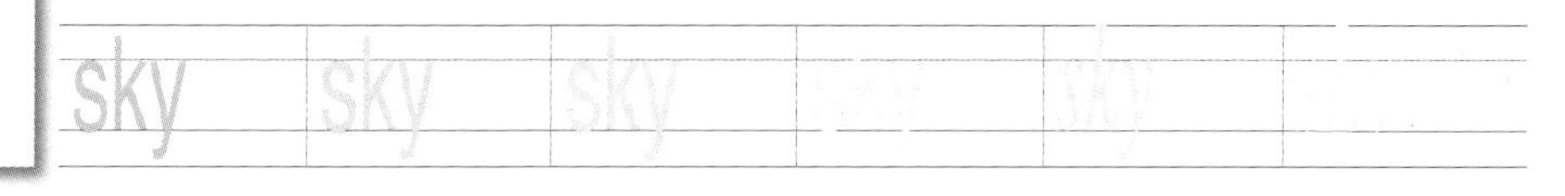
sky sky sky sky sky

0043

tea
[tíː]
명 차, 찻잎

tea tea tea tea tea

0044

theater
[θíːətər]
명 극장

theater theater theater theater theater

0045

wrong
[rɔ́ːŋ]
형 틀린, 잘못된

wrong wrong wrong wrong wrong

0046

let
[let]
동 ~하게 시키다

let let let let let

0047

wait
[wéit]
동 기다리다

wait wait wait wait wait

0048

last*
[lǽst]
형 마지막의, 가장 최근의

last last last last last

0049

fill
[fil]
동 채우다, 메우다

fill fill fill fill fill

0050
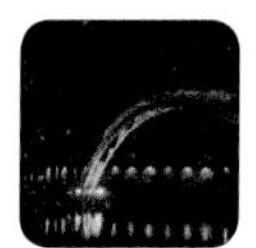
light
[láit]
명 빛, 불빛, 전등

light light light light light

DAY 03 0051-0060

년 월 일 | 암기 단어수 ◯◯ / 10

단어의 발음과 뜻을 듣고 따라 말하면서 6회 써 보세요.

0051

tonight
[tənáit]
㉠ 오늘 밤

tonight tonight tonight tonight

0052

market
[mɑ́ːrkit]
㉠ 시장

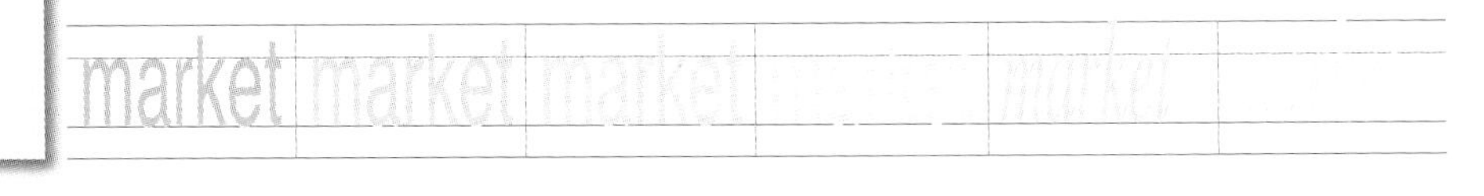

0053

money
[mʌ́ni]
㉠ 돈, 금전, 화폐

money money money money

0054

star
[stɑ́ːr]
㉠ 별, 항성

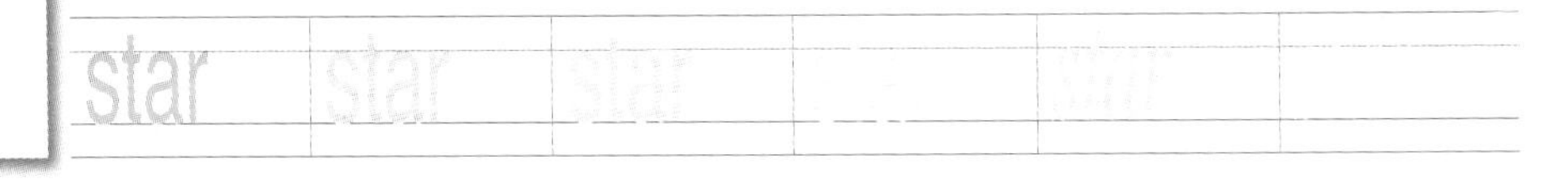

0055

poor
[púər]
㉢ 가난한, 빈곤한

poor poor poor poor

0056

agree*
[əgríː]
㉣ 동의하다

agree agree agree agree

0057

bring*
[bríŋ]
㉣ 가져오다, 데려오다

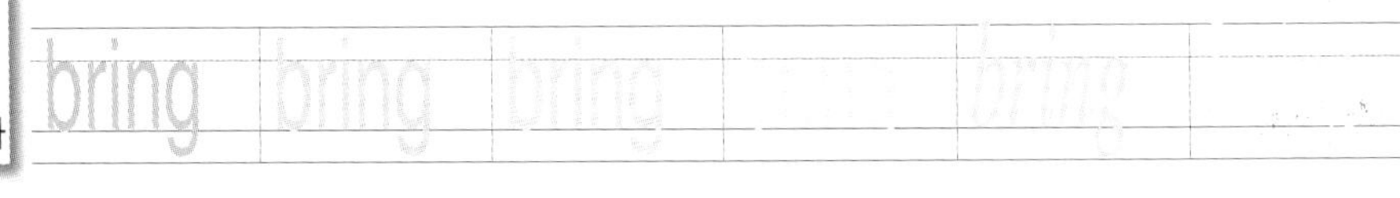

0058

end
[énd]
㉣ 끝나다, 끝내다

end end end end

0059

hope
[hóup]
㉣ 바라다, 희망하다

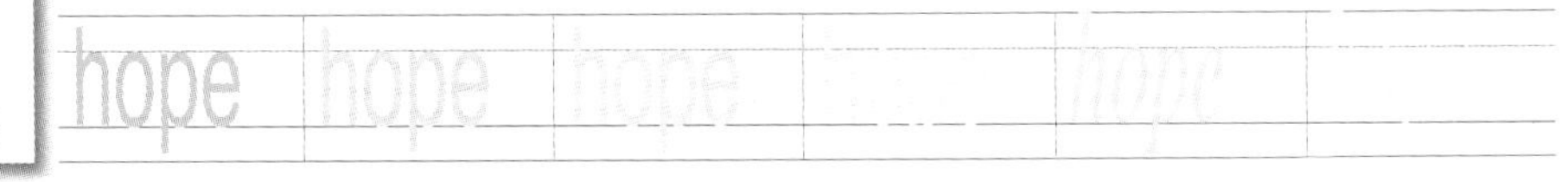

0060

once
[wʌ́ns]
㉤ 한 번

once once once once

0041-0050

____학년 ______반 이름 ______________

년 월 일 | 맞힌 단어수 ◯◯ / 10

단어와 뜻을 듣고 빈칸에 단어를 넣어 문장을 완성하세요. 그런 다음, 듣고 따라 말하면서 문장을 외우세요.

0041 Be careful when you cross a r__________.
길을 건널 때 조심해라.

0042 I can see lots of stars in the s__________.
나는 하늘에서 많은 별들을 볼 수 있다.

0043 Would you like a cup of t__________?
차 한 잔 드시겠습니까?

0044 The musical is now showing in the t__________.
그 뮤지컬은 지금 극장에서 공연 중이다.

0045 Two of my answers were w__________.
내 대답 중 2개가 틀렸다.

0046 L__________ me have a look.
내가 한번 살펴볼게.

0047 Hurry up! They're w__________ing.
서둘러! 그들이 기다리고 있어.

0048 Each lesson l__________s an hour.
각 수업은 한 시간 동안 계속된다.

0049 I f__________ed the bottle with water.
나는 병에 물을 채웠다.

0050 You look nice in l__________ colors.
너는 밝은 색으로 차려입으니 멋져 보인다.

필수 숙어

013 all over the world 전 세계에, 세계 도처에
They are looking for new friends all over the world. 그들은 전 세계에서 새로운 친구들을 찾고 있다.

014 all the time 항상, 내내 (= always)
He is busy all the time. 그는 항상 바쁘다.

015 all the way 완전히, 도중 내내
She cried all the way back home. 그녀는 집으로 돌아오는 내내 울었다.

____학년 ______반 이름 ______________

DAY 03 Word Test 0051-0060

년 월 일 | 맞힌 단어수 ◯◯ / 10

단어와 뜻을 듣고 빈칸에 단어를 넣어 문장을 완성하세요. 그런 다음, 듣고 따라 말하면서 문장을 외우세요.

0051 T______________'s party will be fun.
오늘 밤의 파티는 재미있을 것이다.

0052 I go to the m______________ once a week.
나는 일주일에 한 번 시장에 간다.

0053 M______________ talks.
돈이 말을 한다. (돈이 효력이 있다.)

0054 The sky is filled with s______________s.
하늘에 별들이 가득하다.

0055 I'm too p______________ to buy new clothes.
나는 너무 가난해서 새 옷을 살 수 없다.

0056 My mother and I never seem to a______________.
엄마와 나는 결코 의견이 일치하지 않는 것 같다.

0057 B______________ me the scissors.
내게 가위를 가져다줘.

0058 Her house is at the e______________ of the road.
그녀의 집은 길의 끝에 있다.

0059 I h______________ you'll get better soon.
나는 네가 곧 낫기를 바란다.

0060 We meet o______________ a day.
우리는 하루에 한 번 만난다.

필수 숙어

016 a long time ago 예전에, 오래전에
She changed her phone number a long time ago. 그녀는 오래전에 전화번호를 바꿨다.

017 along the way 도중에
He dropped his wallet somewhere along the way back. 그는 돌아오는 도중에 어딘가에서 지갑을 떨어뜨렸다.

018 along with ~ ~와 함께
They want to go along with their mother. 그들은 어머니와 함께 가길 원한다.

단어의 발음과 뜻을 듣고 따라 말하면서 6회 써 보세요.

0061

cloud
[kláud]
명 구름

cloud cloud cloud cloud cloud

0062

subway
[sʌ́bwei]
명 지하철

subway subway subway subway subway

0063

parent
[péərənt]
명 아버지, 어머니

parent parent parent parent parent

0064

dentist
[déntist]
명 치과 의사

dentist dentist dentist dentist dentist

0065

weak*
[wíːk]
형 약한, 힘이 없는

weak weak weak weak weak

0066

know
[nóu]
동 알다, 깨닫다

know know know know know

0067

try
[trái]
동 시도하다, 노력하다

try try try try try

0068

count
[káunt]
동 세다, 계산하다

count count count count count

0069

just
[dʒʌ́st]
부 바로, 방금

just just just just just

0070

dark*
[dáːrk]
형 어두운, 짙은, 검은

dark dark dark dark dark

단어의 발음과 뜻을 듣고 따라 말하면서 6회 써 보세요.

0071

piece
[pí:s]
명 조각, 한 부분

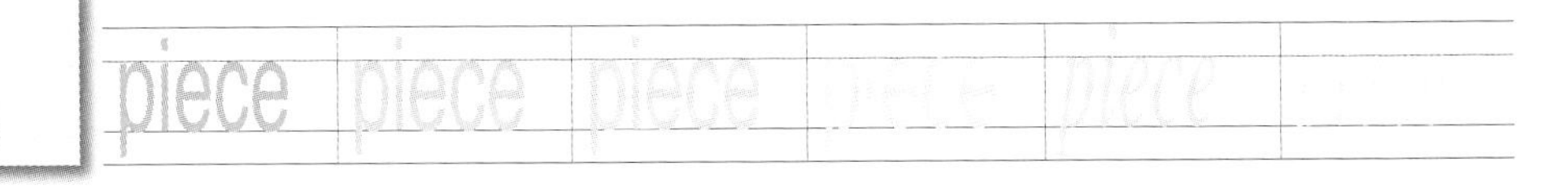

0072

friend
[frénd]
명 친구

0073

girl
[gə́:rl]
명 여자 아이, 소녀

0074

puppy
[pʌ́pi]
명 강아지

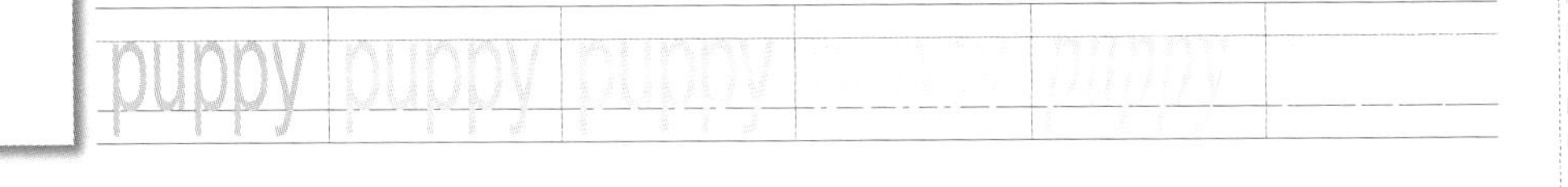

0075

word
[wə́:rd]
명 단어, 낱말, 말

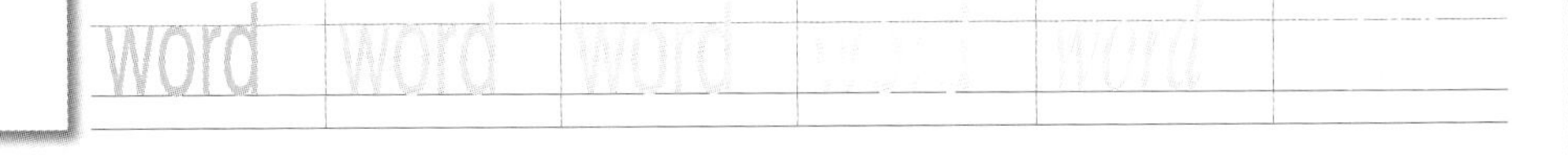

0076

careful*
[kέərfəl]
형 조심하는, 주의 깊은

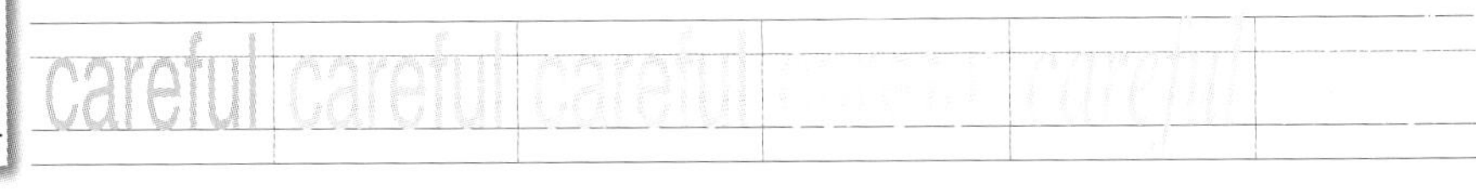

0077

receive*
[risí:v]
동 받다, 받아들이다

0078

hurry
[hə́:ri]
동 서두르다, 서둘러 가다

0079

sound
[sáund]
명 소리, 음

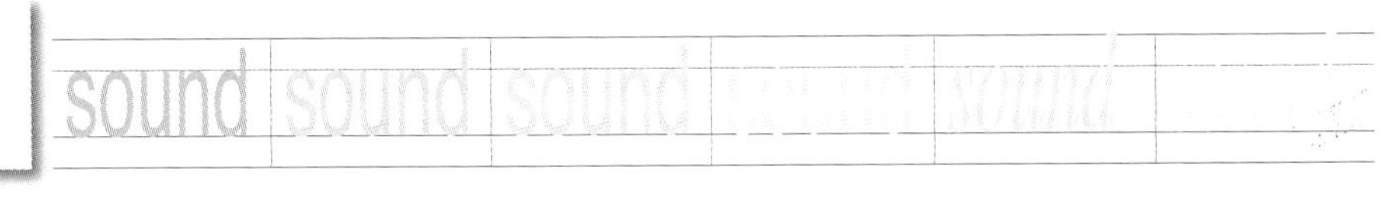

0080

half
[hǽf]
명 반, 절반

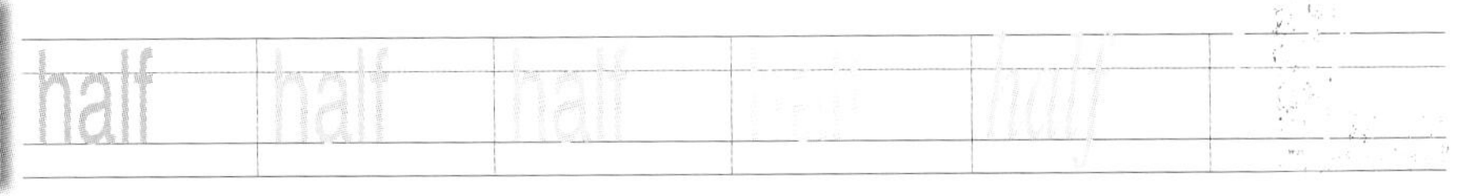

____학년 ______반 이름 ____________

DAY 04 Word Test 0061-0070

년 월 일 | 맞힌 단어수 ◯◯/ 10

단어와 뜻을 듣고 빈칸에 단어를 넣어 문장을 완성하세요. 그런 다음, 듣고 따라 말하면서 문장을 외우세요.

0061 There's not a c__________ in the sky.
하늘에 구름이 한 점 없다.

0062 I go to school by s__________.
나는 지하철을 타고 학교에 간다.

0063 My p__________s live in the country.
나의 부모님은 시골에 사신다.

0064 I'm going to the d__________ tomorrow.
나는 내일 치과 의사에게 갈 예정이다.

0065 Poor light produces w__________ plants.
부족한 햇빛은 약한 식물을 만들어낸다.

0066 I k__________ the answer.
나는 답을 안다.

0067 Keep t__________ing. You can do it.
계속 해 봐. 너는 그것을 할 수 있어.

0068 C__________ the dishes on the table.
식탁 위의 접시들을 세어 봐.

0069 He looks j__________ like his father.
그는 그의 아버지와 똑같아 보인다.

0070 It'll be d__________ soon.
곧 어두워질 것이다.

필수 숙어

019 amount to ~ 총계가 ~에 이르다
The cost of repairs amounted to 100 dollars. 수리비가 100달러에 달했다.

020 any other way 다른 어떤 방법
I can't thank him in any other way. 그에게 감사할 다른 어떤 방법이 없다.

021 a part of ~ ~의 한 부분, ~의 일부
Alaska is a part of the United States. Alaska는 미국의 일부이다.

____학년 ______반 이름 ______________

DAY 04 Word Test 0071-0080

년 월 일 | 맞힌 단어수 ◯◯ / 10

단어와 뜻을 듣고 빈칸에 단어를 넣어 문장을 완성하세요. 그런 다음, 듣고 따라 말하면서 문장을 외우세요.

0071 He cut the cake into three p______________s.
그는 케이크를 세 조각으로 잘랐다.

0072 I'd like you to meet my f______________.
나는 네가 내 친구를 만나보길 바란다.

0073 Both boys and g______________s can join the club.
소년들과 소녀들 모두 동아리에 가입할 수 있다.

0074 What a cute p______________!
정말 귀여운 강아지로구나!

0075 "Please" is a useful w______________.
'please'는 쓸모 있는 말이다.

0076 Be c______________!
조심해!

0077 Did you r______________ my letter?
너는 내 편지를 받았니?

0078 Don't h______________. Take it easy!
서두르지 마라. 천천히 해!

0079 That s______________s like a good idea.
그것은 좋은 생각인 것 같다.

0080 Cut the apple in h______________.
사과를 반으로 잘라라.

필수 숙어

022 A rather than B B라기보다는 오히려 A
She is a dancer rather than a singer. 그녀는 가수라기보다는 오히려 무용수이다.

023 around every turn 도처에, 어디를 가나
They faced dangers around every turn. 그들은 도처에서 위험에 처했다.

024 around the world 전 세계에
I'd like to travel around the world. 나는 전 세계를 여행하고 싶다.

DAY 05 0081-0090

____학년 ______반 이름 ______________

년 월 일 | 암기 단어수 ◯◯ / 10

단어의 발음과 뜻을 듣고 따라 말하면서 6회 써 보세요.

0081

rock
[rák]
명 바위, 암석

0082

corner
[kɔ́ːrnər]
명 모퉁이, 모서리

0083

husband
[hʌ́zbənd]
명 남편

0084

arrive*
[əráiv]
동 도착하다, 도달하다

0085

listen
[lísn]
동 귀 기울이다

0086

wear
[wέər]
동 ~을 입고 있다

0087

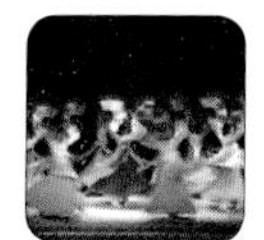

turn
[tə́ːrn]
동 돌리다, 회전시키다

0088

cut
[kʌ́t]
동 베다, 자르다

0089

deep*
[díːp]
형 깊은, 깊이가 ~인

0090

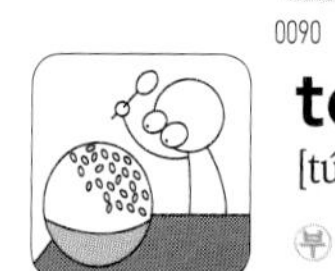

too
[túː]
부 너무, ~도 또한

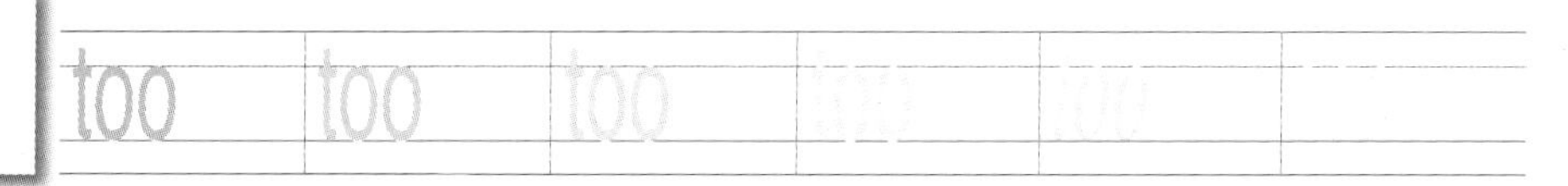

DAY 05 0091-0100

년 월 일 | 암기 단어수 ◯◯ / 10

단어의 발음과 뜻을 듣고 따라 말하면서 6회 써 보세요.

0091

family
[fǽməli]
명 가족, 가정, 가구

0092

line
[láin]
명 선, 줄

0093

south
[sáuθ]
명 남쪽, 남부

0094

die
[dái]
동 죽다, 죽을 것 같다

0095

make
[méik]
동 만들다

0096

write
[ráit]
동 글자·글을 쓰다

0097

pass
[pǽs]
동 지나가다, 통과하다

0098

start
[stá:rt]
동 시작하다

0099

cute
[kjú:t]
형 귀여운

0100

honest*
[ánist]
형 정직한, 솔직한

___학년 ______반 이름 ____________

DAY 05 # Word Test 0081-0090

년 월 일 | 맞힌 단어수 ◯◯ / 10

단어와 뜻을 듣고 빈칸에 단어를 넣어 문장을 완성하세요. 그런 다음, 듣고 따라 말하면서 문장을 외우세요.

0081 I can climb on the r____________.
나는 그 바위 위를 기어오를 수 있다.

0082 There is a man standing at the c____________.
모퉁이에 한 남자가 서 있다.

0083 She is two years older than her h____________.
그녀는 남편보다 두 살이 많다.

0084 What time does the plane a____________ in Seoul?
비행기는 몇 시에 서울에 도착합니까?

0085 L____________ to me carefully.
내 말을 잘 들어.

0086 She was w____________ing a white dress.
그녀는 흰 드레스를 입고 있었다.

0087 She t____________ed the key and opened the door.
그녀는 열쇠를 돌려서 문을 열었다.

0088 I c____________ the cake in half.
나는 케이크를 반으로 잘랐다.

0089 The water is d____________est in the middle of the pool.
수영장의 한가운데가 수심이 가장 깊다.

0090 Glad to meet you, t____________.
나도 역시 만나서 기쁘다.

필수 숙어

025 as a result 그 결과로
I practiced singing a lot. As a result, I won the first prize in the contest. 나는 노래를 많이 연습했다. 그 결과, 나는 대회에서 일등상을 탔다.

026 as ~ as possible 가능한 한 ~
She tries to walk as much as possible. 그녀는 가능한 한 많이 걸으려고 한다.

027 as long as ~ ~하는 한
As long as you're here, I'm happy. 네가 여기 있는 한, 나는 행복하다.

___학년 ______반 이름 ______________

0091-0100

년 월 일 | 맞힌 단어수 ◯◯/ 10

단어와 뜻을 듣고 빈칸에 단어를 넣어 문장을 완성하세요. 그런 다음, 듣고 따라 말하면서 문장을 외우세요.

0091 The f______________ now live in Seattle.
그 가족은 지금 Seattle에 산다.

0092 a straight l______________
직선

0093 This way is s______________.
이쪽이 남쪽이다.

0094 His father d______________d suddenly in an accident.
그의 아버지는 사고로 갑자기 돌아가셨다.

0095 M______________ a list of all the things you need.
필요한 모든 물건에 대한 목록을 만들어라.

0096 I w______________ my brother a letter.
나는 남동생에게 편지를 썼다.

0097 A helicopter is p______________ing overhead.
헬리콥터가 머리 위로 지나가고 있다.

0098 The rabbit got up and s______________ed running again.
토끼는 일어나서 다시 달리기 시작했다.

0099 The baby is so c______________.
아기가 아주 귀엽다.

0100 He is an h______________ man.
그는 정직한 남자다.

필수 숙어

028 as soon as ~ ~하자마자
As soon as he saw me, he ran away. 그는 나를 보자마자 도망갔다.

029 as soon as possible 가능한 한 빨리
I have to finish my homework as soon as possible. 나는 가능한 한 빨리 숙제를 끝내야 한다.

030 as well 또한
She plays the guitar as well. 그녀는 또한 기타도 연주한다.

DAY 06 0101-0110

____학년 ______반 이름 ____________

년 월 일 | 암기 단어수 ◯◯ / 10

단어의 발음과 뜻을 듣고 따라 말하면서 6회 써 보세요.

0101

gate
[géit]
명 정문, 대문, 출입구

gate gate gate

0102

sugar
[ʃúgər]
명 설탕

sugar sugar sugar

0103

mother
[mʌðər]
명 어머니

mother mother mother

0104
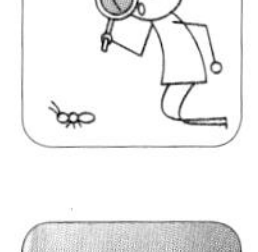
find
[fáind]
동 찾다, 발견하다

find find find

0105
relax
[rilǽks]
동 긴장을 풀다

relax relax relax

0106

sell
[sél]
동 팔다

sell sell sell

0107

push
[púʃ]
동 밀다, 밀치다

push push push

0108

place
[pléis]
명 장소, 곳

place place place

0109
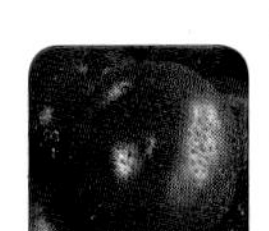
fresh
[fréʃ]
형 신선한, 새로운

fresh fresh fresh

0110

thin**
[θín]
형 얇은, 가는, 마른

thin thin thin

DAY 06 0111-0120

년 월 일 | 암기 단어수 ◯◯ / 10

단어의 발음과 뜻을 듣고 따라 말하면서 6회 써 보세요.

0111

horse
[hɔ́:rs]
명 말

0112

bee
[bí:]
명 벌

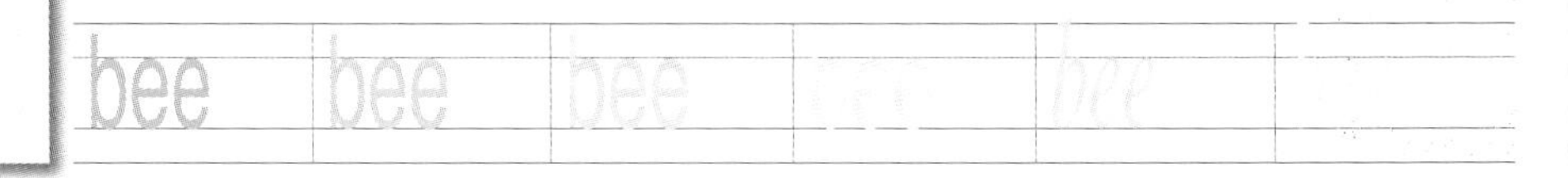

0113

noise
[nɔ́iz]
명 소음, 소란, 잡음

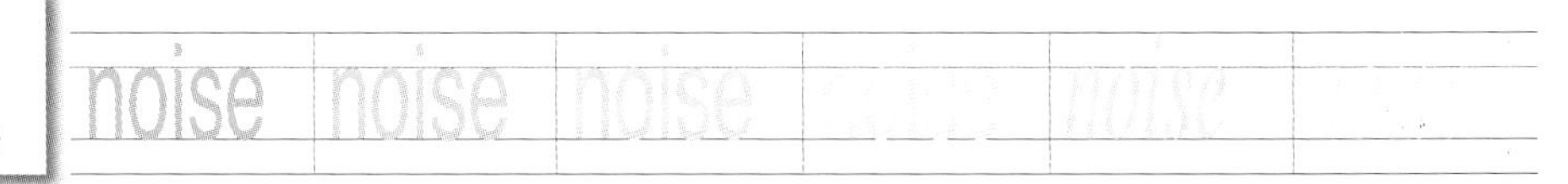

0114

keep
[kí:p]
동 유지하다, 보관하다

0115

wake
[wéik]
동 잠에서 깨다

0116

sleep
[slí:p]
동 잠자다

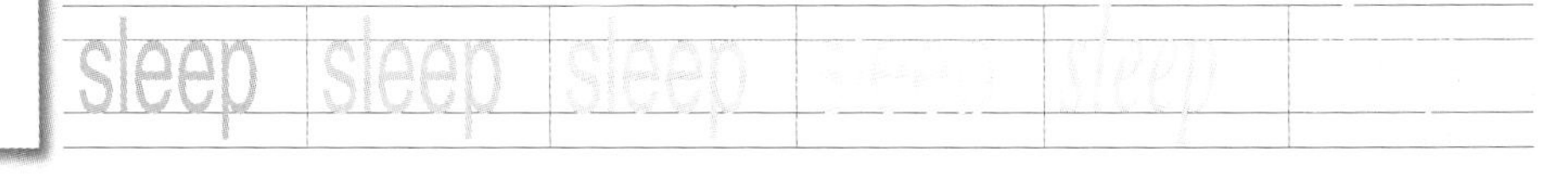

0117

post
[póust]
동 편지를 부치다

0118

late
[léit]
형 늦은, 지각한

0119

each
[í:tʃ]
대 각각, 각자

0120

other
[ʌ́ðər]
명 다른 사람, 다른 것

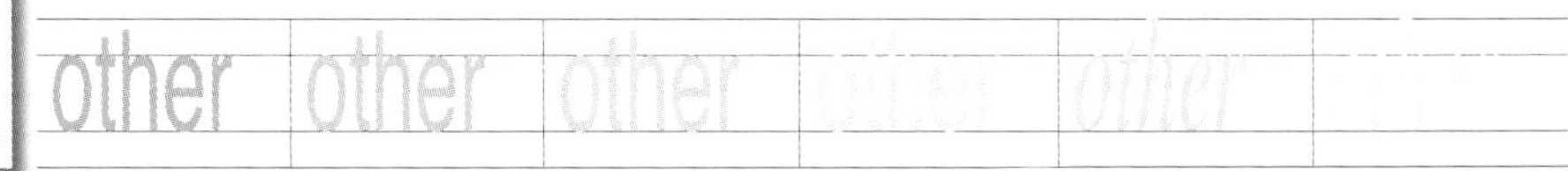

0101-0110

년 월 일 | 맞힌 단어수 ◯◯ / 10

단어와 뜻을 듣고 빈칸에 단어를 넣어 문장을 완성하세요. 그런 다음, 듣고 따라 말하면서 문장을 외우세요.

0101 We went through the g______________ into the museum.
우리는 정문을 지나서 박물관 안으로 들어갔다.

0102 I take two s______________s in my coffee.
나는 커피에 설탕 두 스푼을 넣는다.

0103 My m______________ likes to quilt.
어머니는 퀼팅을 즐겨 하신다.

0104 I can't f______________ my cellphone.
내 휴대 전화를 찾을 수 없다.

0105 Taking a walk can help to r______________ you.
산책을 하면 긴장을 푸는 데 도움이 된다.

0106 They s______________ fresh fish every morning.
그들은 아침마다 신선한 생선을 판다.

0107 She slowly p______________ed the door open.
그녀는 천천히 문을 밀어서 열었다.

0108 The garden is a pleasant p______________ to sit and relax.
그 정원은 앉아서 쉬기에 기분 좋은 장소이다.

0109 We need some f______________ ideas.
우리는 새로운 생각이 필요하다.

0110 Each sandwich has two t______________ slices of bread.
샌드위치는 얇은 두 조각의 빵으로 이루어진다.

필수 숙어

031 ask for ~ ~을 요청하다
I called him to ask for help. 나는 도움을 요청하기 위해 그에게 전화했다.

032 at any time 언제라도
If you need some help, come to me at any time. 도움이 필요하면 언제라도 내게 와라.

033 at first 처음에는
At first, we didn't believe him. 처음에는, 우리는 그를 믿지 않았다.

____학년 ______반 이름 ____________

0111-0120

년 월 일 | 맞힌 단어수 ◯◯ / 10

단어와 뜻을 듣고 빈칸에 단어를 넣어 문장을 완성하세요. 그런 다음, 듣고 따라 말하면서 문장을 외우세요.

0111 Her hobby is h______________ riding.
그녀의 취미는 승마이다.

0112 Why do you think the honey b______________s are disappearing?
꿀벌들이 왜 사라지고 있다고 생각하는가?

0113 There was a lot of n______________ outside.
밖이 아주 소란스러웠다.

0114 K______________ the key in a safe place.
열쇠를 안전한 장소에 보관해라.

0115 Please w______________ me early tomorrow.
내일 아침 일찍 저를 깨워 주세요.

0116 I need to get some s______________.
나는 잠을 좀 자야겠다.

0117 I forgot to p______________ the card to my parents.
나는 부모님께 카드를 부치는 것을 깜박했다.

0118 Sorry I'm l______________.
늦어서 미안해.

0119 We e______________ have our own skills.
우리는 각각 저마다의 기량을 가지고 있다.

0120 I can't find my o______________ sock.
나는 내 양말의 다른 한 짝을 찾을 수 없다.

필수 숙어

034 at last 마침내 (= finally)
At last, they arrived at the top of the mountain. 마침내, 그들은 산 정상에 도착했다.

035 at least 최소한, 적어도 (↔ at most)
I clean my room at least once a week. 나는 적어도 일주일에 한 번 방을 청소한다.

036 at one's own pace 자신의 속도대로
He likes to work at his own pace. 그는 자기 속도대로 일하는 것을 좋아한다.

DAY 07 0121-0130

____학년 ______반 이름 ____________

년 월 일 | 암기 단어수 ◯◯ / 10

단어의 발음과 뜻을 듣고 따라 말하면서 6회 써 보세요.

0121
idea*
[aidíːə]
명 생각, 발상, 방안

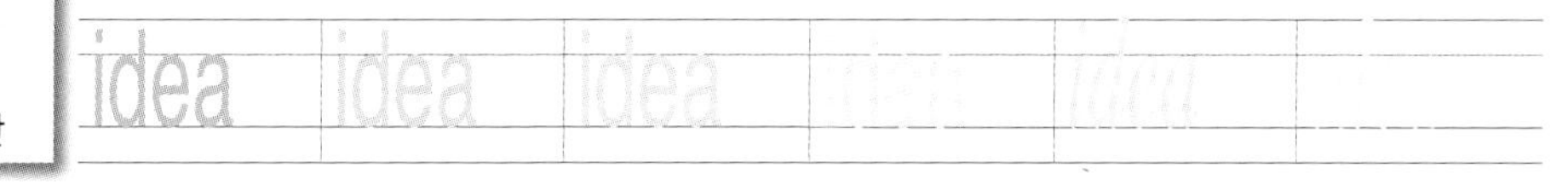

idea idea idea idea idea

0122
key
[kíː]
명 열쇠, 비결

key key key key key

0123
potato
[pətéitou]
명 감자

potato potato potato potato potato

0124
man
[mǽn]
명 남자

man man man man man

0125
remember**
[rimémbər]
동 기억하다

remember remember remember remember remember

0126
send
[sénd]
동 보내다, 발송하다

send send send send send

0127
need*
[níːd]
동 필요로 하다

need need need need need

0128
land
[lǽnd]
명 육지, 땅

land land land land land

0129
ugly*
[ʌ́gli]
형 못생긴, 추한

ugly ugly ugly ugly ugly

0130
dear
[díər]
형 사랑하는, ~에게

dear dear dear dear dear

DAY 07 0131-0140

단어의 발음과 뜻을 듣고 따라 말하면서 6회 써 보세요.

0131

wolf
[wúlf]
명 늑대

wolf wolf wolf wolf wolf

0132

health
[hélθ]
명 건강

health health health health health

0133

tooth
[tú:θ]
명 이, 치아

tooth tooth tooth tooth tooth

0134

roof
[rú:f]
명 지붕

roof roof roof roof roof

0135

continue**
[kəntínju:]
동 계속되다, 계속 하다

continue continue continue continue continue

0136

bear
[bέər]
명 곰

bear bear bear bear bear

0137

walk
[wɔ́:k]
동 걷다, 산책하다

walk walk walk walk walk

0138

able*
[éibl]
형 ~할 수 있는

able able able able able

0139
famous*
[féiməs]
형 유명한

famous famous famous famous famous

0140
past
[pǽst]
명 과거 형 지나간

past past past past past

0121-0130

____학년 ______반 이름 ______________

년 월 일 | 맞힌 단어수 ◯◯ / 10

단어와 뜻을 듣고 빈칸에 단어를 넣어 문장을 완성하세요. 그런 다음, 듣고 따라 말하면서 문장을 외우세요.

0121 That's a good i______________.
그거 좋은 생각이다.

0122 I lost my house k______________.
나는 집 열쇠를 잃어버렸다.

0123 I like boiled p______________es.
나는 삶은 감자를 좋아한다.

0124 He is a very kind m______________.
그는 아주 친절한 남자다.

0125 I r______________ my first day of middle school.
나는 나의 중학교 첫날을 기억한다.

0126 I'll s______________ some pictures to you.
너에게 사진을 보내겠다.

0127 I don't really n______________ a cellphone.
나는 휴대 전화가 정말 필요하지 않다.

0128 They own l______________ in Jejudo.
그들은 제주도에 땅을 소유하고 있다.

0129 I feel really fat and u______________ today.
나는 오늘 정말 뚱뚱하고 못생겨 보인다.

0130 D______________ Mary, ...
Mary에게

필수 숙어

037 at present 현재는, 지금은
I have no money at present. 나는 지금은 돈이 없다.

038 at that time 그때, 그 당시에
She was a student at that time. 그녀는 그 당시에 학생이었다.

039 at the end 마침내
At the end, we finished the project. 마침내, 우리는 그 프로젝트를 끝냈다.

____학년 ______반 이름 ____________

DAY 07 Word Test 0131-0140

년 월 일 | 맞힌 단어수 ◯◯/ 10

단어와 뜻을 듣고 빈칸에 단어를 넣어 문장을 완성하세요. 그런 다음, 듣고 따라 말하면서 문장을 외우세요.

0131 A w____________ suddenly appeared in front of me.
늑대 한 마리가 갑자기 내 앞에 나타났다.

0132 H____________ is more valuable than wealth.
건강이 부유함보다 더 소중하다.

0133 wisdom t____________
사랑니

0134 The house has a flat r____________.
그 집은 지붕이 편평하다.

0135 They c____________d to talk loud and ignored others' feelings.
그들은 계속해서 시끄럽게 지껄였고 다른 사람들의 기분을 개의치 않았다.

0136 A b____________ likes honey.
곰은 꿀을 좋아한다.

0137 I take a w____________ after dinner.
나는 저녁 식사 후에 산책을 한다.

0138 I want to be a____________ to win the game.
나는 그 경기를 이길 수 있기를 바란다.

0139 Pisa is f____________ for it's Leaning Tower.
Pisa는 사탑으로 유명하다.

0140 The p____________ is the mirror of the future.
과거는 미래의 거울이다.

필수 숙어

040 at the same time 동시에
Both of us raised our hands at the same time. 우리는 둘 다 동시에 손을 들었다.

041 be able to ~ ~할 수 있다
He will be able to go to the party. 그는 파티에 갈 수 있을 것이다.

042 be about to ~ 막 ~하려는 참이다
I was about to ask you something. 나는 너에게 무언가를 물어보려던 참이었다.

08 0141-0150

____학년 ______반 이름 ______________

년 월 일 | 암기 단어수 ◯◯ / 10

단어의 발음과 뜻을 듣고 따라 말하면서 6회 써 보세요.

0141

year
[jíər]
명 해, 년, 연도

year year year year year

0142

mirror
[mírər]
명 거울

mirror mirror mirror mirror mirror

0143

garden
[gá:rdn]
명 정원

garden garden garden garden garden

0144

put
[pút]
동 놓다, 두다

put put put put put

0145

think*
[θíŋk]
동 생각하다

think think think think think

0146

smell
[smél]
동 냄새가 나다, 냄새를 맡다

smell smell smell smell smell

0147

feel
[fí:l]
동 기분이 들다

feel feel feel feel feel

0148

plan
[plǽn]
명 계획

plan plan plan plan plan

0149

cheap*
[tʃí:p]
형 값싼

cheap cheap cheap cheap cheap

0150

early
[ə́:rli]
부 일찍

early early early early early

____학년 ______반 이름 ____________

DAY 08 0151-0160

년 월 일 | 암기 단어수 ◯◯ / 10

단어의 발음과 뜻을 듣고 따라 말하면서 6회 써 보세요.

0151

meat
[míːt]
명 고기

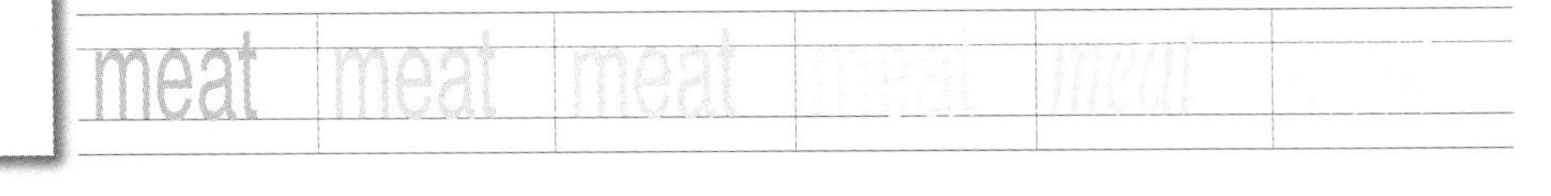

0152

summer
[sʌ́mər]
명 여름

0153

station
[stéiʃən]
명 역, 정거장

0154

win
[wín]
동 이기다, 승리하다

0155

speak
[spíːk]
동 말하다, 이야기하다

0156

fall*
[fɔ́ːl]
동 떨어지다, 쓰러지다

0157

drive
[dráiv]
동 몰다, 운전하다

0158

loud*
[láud]
형 소리가 큰, 시끄러운

0159

heavy**
[hévi]
형 무거운, 묵직한

0160

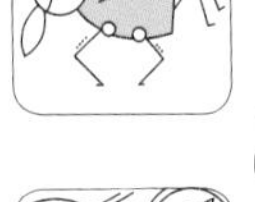

tomorrow
[təmɔ́ːrou]
명 내일, 미래

0141-0150

____학년 ______반 이름 ____________

년 월 일 | 맞힌 단어수 ◯◯ / 10

단어와 뜻을 듣고 빈칸에 단어를 넣어 문장을 완성하세요. 그런 다음, 듣고 따라 말하면서 문장을 외우세요.

0141 A millenium is a period of 1,000 y____________s.
millenium은 1,000년의 기간이다.

0142 My dog is barking at his own reflection in the m____________.
나의 개가 거울에 비친 자신의 모습을 보고서 짖고 있다.

0143 They walked together in the secret g____________.
그들은 비밀의 정원에서 함께 거닐었다.

0144 He p____________ the key on the table.
그는 열쇠를 탁자 위에 놓았다.

0145 I t____________ your answer isn't right.
나는 네 대답이 옳지 않다고 생각한다.

0146 Something s____________s good!
어떤 좋은 냄새가 나네!

0147 I f____________ hungry.
나는 허기가 느껴진다.

0148 What are your p____________s for this weekend?
너의 이번 주말 계획은 무엇이니?

0149 I bought the c____________est bag on the market.
나는 시장에서 가장 값싼 가방을 샀다.

0150 They will leave e____________ in the morning.
그들은 아침 일찍 떠날 예정이다.

필수 숙어

043 be afraid of ~ ~을 두려워하다
Don't be afraid of making a mistake. 실수하는 것을 두려워하지 마라.

044 be based on ~ ~에 근거하다, ~에 바탕을 두다
The movie is based on a true story. 그 영화는 실제 이야기에 바탕을 두고 있다.

045 be busy -ing ~하느라 바쁘다
She is busy studying for the test. 그녀는 시험공부 하느라 바쁘다.

____학년 ______반 이름 ____________

0151-0160

년 월 일 | 맞힌 단어수 ◯◯ / 10

단어와 뜻을 듣고 빈칸에 단어를 넣어 문장을 완성하세요. 그런 다음, 듣고 따라 말하면서 문장을 외우세요.

0151 I don't eat m____________.
나는 고기를 먹지 않는다.

0152 We have a lot of rain in the s____________.
여름에는 비가 많이 내린다.

0153 I will get off at the next s____________.
나는 다음 역에서 내릴 예정이다.

0154 I want to w____________ the baseball game.
나는 야구 경기에서 이기고 싶다.

0155 Can I s____________ to Jennifer, please?
Jennifer와 통화할 수 있을까요?

0156 The tree is about to f____________.
그 나무가 막 쓰러지려고 한다.

0157 Do you want to d____________ or should I?
네가 운전할래, 아니면 내가 할까?

0158 He complained in a l____________ voice.
그는 큰 목소리로 불평했다.

0159 The box is too h____________ for me to move.
그 상자는 내가 옮기기에 너무 무겁다.

0160 We're meeting t____________ morning.
우리는 내일 아침에 만날 예정이다.

필수 숙어

046 because of ~ ~ 때문에
I was late because of the traffic jam. 나는 교통 체증 때문에 늦었다.

047 be crazy about ~ ~에 미치다, ~에 열광하다
He is crazy about soccer. 그는 축구에 미쳐 있다.

048 be curious about ~ ~에 호기심이 있다, ~을 궁금해 하다
They are curious about his past. 그들은 그의 과거를 궁금해 한다.

09

0161-0170

____학년 ______반 이름 ____________

년 월 일 | 암기 단어수 ◯◯/ 10

단어의 발음과 뜻을 듣고 따라 말하면서 6회 써 보세요.

0161

office
[ɔ́:fis]
명 사무실, 사무소

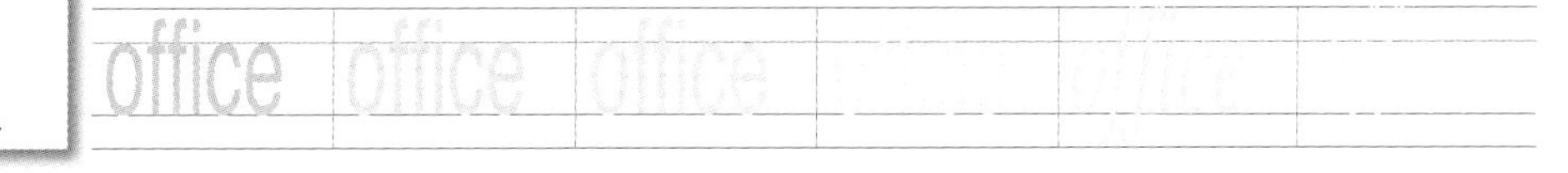

0162

bath
[bǽθ]
명 욕조, 목욕

0163

breakfast
[brékfəst]
명 아침 식사

0164

weather*
[wéðər]
명 날씨

0165

get
[gét]
동 받다, 얻다

0166

draw
[drɔ́:]
동 당기다, 끌다, 그리다

0167

practice
[prǽktis]
동 연습하다, 실행하다

0168

face
[féis]
동 마주 보다, 향하다

0169

correct*
[kərékt]
형 옳은, 틀림없는

0170

thirsty
[θə́:rsti]
형 목마른, 갈망하는

DAY 09 0171-0180

년 월 일 | 암기 단어수 ◯◯ / 10

단어의 발음과 뜻을 듣고 따라 말하면서 6회 써 보세요.

0171

heart
[há:rt]
명 심장, 가슴, 마음

0172

sheep
[ʃí:p]
명 양

0173
dolphin
[dálfin]
명 돌고래

0174

wind
[wínd]
명 바람

0175

kick
[kík]
동 발로 차다

0176

move
[mú:v]
동 움직이다, 옮기다

0177

plant*
[plǽnt]
동 식물을 심다

0178

exciting
[iksáitiŋ]
형 흥분시키는

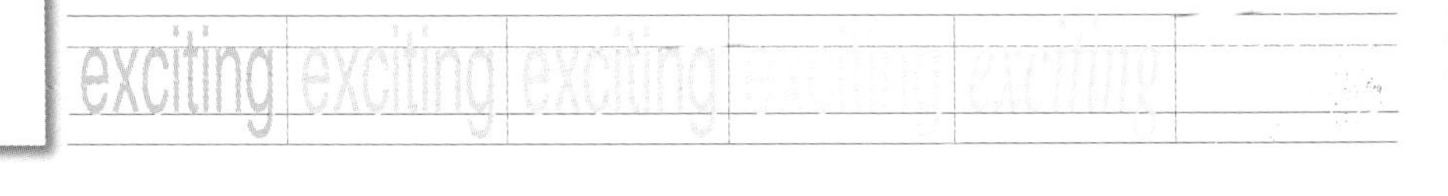

0179

low*
[lóu]
형 높이·위치 등이 낮은

0180

inside
[ìnsáid]
명 안쪽, 내부

0161-0170

___학년 ___반 이름 ______

년 월 일 | 맞힌 단어수 ◯◯/ 10

단어와 뜻을 듣고 빈칸에 단어를 넣어 문장을 완성하세요. 그런 다음, 듣고 따라 말하면서 문장을 외우세요.

0161 He leaves the o__________ at seven o'clock.
그는 일곱 시에 사무실을 나온다.

0162 I'll have a b__________ and go to bed.
나는 목욕을 하고 나서 잠자리에 들 것이다.

0163 She eats b__________ every morning.
그녀는 아침마다 아침을 먹는다.

0164 The w__________ today is cool and nice.
오늘 날씨는 시원하고 좋다.

0165 We g__________ a lot of junk mail every day.
우리는 날마다 많은 쓸모없는 메일을 받는다.

0166 D__________ a line in the middle of the page.
페이지의 가운데에 선을 그려라.

0167 P__________ makes perfect.
연습을 하면 완벽해진다.

0168 The house f__________s the river.
그 집은 강을 향하여 있다.

0169 Score two points for each c__________ answer.
각각의 옳은 대답마다 2점을 매겨라.

0170 I was hot and t__________ after the walk.
나는 걷고 나니 열이 나고 목말랐다.

필수 숙어

049 be different from ~ ~과 다르다
Her opinion is different from mine. 그녀의 의견은 나의 의견과 다르다.

050 be eager to ~ ~하기를 간절히 바라다, ~을 하고 싶어 하다
I am eager to see you. 나는 너를 만나길 간절히 바란다.

051 be famous for ~ ~으로 유명하다
Jejudo is famous for its beautiful scenery. 제주도는 아름다운 풍경으로 유명하다.

____학년 ______반 이름 ______________

DAY 09 Word Test 0171-0180

년 월 일 | 맞힌 단어수 ◯◯ / 10

단어와 뜻을 듣고 빈칸에 단어를 넣어 문장을 완성하세요. 그런 다음, 듣고 따라 말하면서 문장을 외우세요.

0171 I can hear your h______________ beating.
너의 심장이 뛰는 것을 들을 수 있다.

0172 S______________ are grazing in the field.
양들이 들에서 풀을 뜯고 있다.

0173 D______________s communicate with each other by whistling.
돌고래들은 짹짹 소리를 내어 서로 의사소통한다.

0174 The w______________ blew from the southeast.
바람이 남동쪽에서 불었다.

0175 He k______________ed the ball into the goal.
그는 공을 차서 골을 넣었다.

0176 I'm so cold I can't m______________ my fingers.
나는 너무 추워서 손가락을 움직일 수 없다.

0177 Last weekend I p______________ed some vegetables in my garden.
지난 주말 나는 정원에 채소를 심었다.

0178 It was a really e______________ game.
그것은 정말 흥미진진한 게임이었다.

0179 She wants to put a l______________ fence around the garden.
그녀는 정원에 낮은 울타리를 치기를 원한다.

0180 I brush the i______________ of my teeth.
나는 이의 안쪽을 칫솔질한다.

필수 숙어

052 be filled with ~ ~으로 가득 차다 (= be full of ~)
The streets were filled with water. 거리가 물로 가득 찼다.

053 be going to ~ ~할 예정이다
We are going to paint the wall. 우리는 벽에 페인트칠할 예정이다.

054 be good at ~ ~을 잘하다 (↔ be poor at ~)
She is good at cooking. 그녀는 요리를 잘한다.

0181-0190

____학년 ______반 이름 ____________

년 월 일 | 암기 단어수 ◯◯ / 10

단어의 발음과 뜻을 듣고 따라 말하면서 6회 써 보세요.

0181

lady
[léidi]
명 여성, 부인, 숙녀

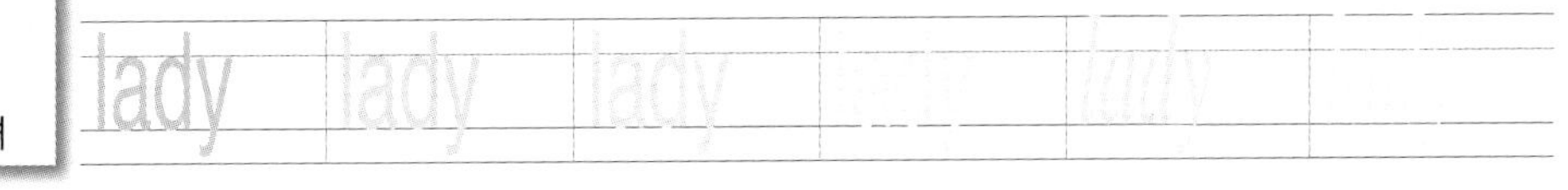

0182

queen
[kwíːn]
명 여왕, 왕비, 왕후

0183

congratulate*
[kəngrǽtʃulèit]
동 축하하다

0184

nurse
[nə́ːrs]
명 간호사

0185

smile
[smáil]
동 웃다, 미소 짓다

0186

stay**
[stéi]
동 계속 있다, 머무르다

0187

top
[táp]
명 꼭대기, 정상

0188

pay
[péi]
동 치르다, 지불하다

0189

interesting
[íntərəstiŋ]
형 흥미 있는, 재미있는

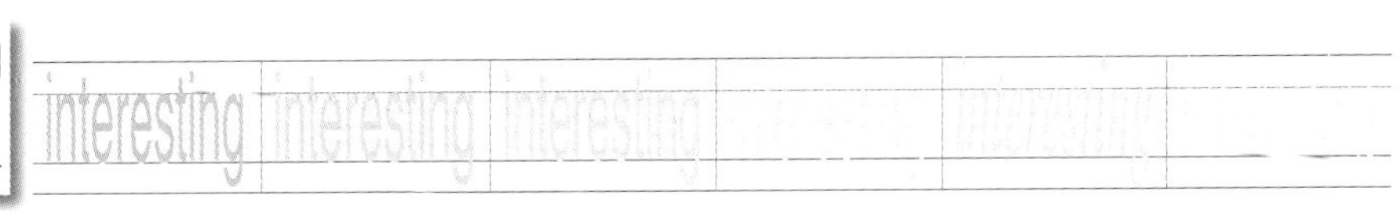

0190

sure
[ʃúər]
형 확신하는, 확실한

____학년 ______반 이름 ____________

DAY 10 0191-0200

년 월 일 | 암기 단어수 ◯◯ / 10

단어의 발음과 뜻을 듣고 따라 말하면서 6회 써 보세요.

0191

glove
[glʌ́v]
명 장갑

0192

map
[mǽp]
명 지도

0193
umbrella
[ʌmbrélə]
명 우산

0194

repeat
[ripíːt]
동 되풀이하다, 반복하다

0195

wish
[wíʃ]
동 바라다, 희망하다

0196

address*
[ədrés]
동 주소를 쓰다, 연설하다

0197

fix**
[fíks]
동 고정시키다, 정하다

0198

dirty
[də́ːrti]
형 더러운, 지저분한

0199

middle
[mídl]
명 중앙, 한가운데

0200
round*
[ráund]
형 둥근, 동그란

Word Test 0181-0190

____학년 ______반 이름 ____________

년 월 일 | 맞힌 단어수 ◯◯/ 10

단어와 뜻을 듣고 빈칸에 단어를 넣어 문장을 완성하세요. 그런 다음, 듣고 따라 말하면서 문장을 외우세요.

0181 The l____________ at the front desk is very kind.
프런트 데스크에 있는 여성은 아주 친절하다.

0182 Here come the king and q____________!
국왕과 왕비께서 오고 계십니다!

0183 I'd like to c____________ you on your success.
당신의 성공을 축하드립니다.

0184 The n____________ is coming to give you an injection.
간호사가 네게 주사를 주려고 오고 있다.

0185 He s____________d at me and waved.
그는 내게 미소를 지으며 손을 흔들었다.

0186 S____________ until the snow has stopped.
눈이 멈출 때까지 머물러라.

0187 The t____________s of the mountains are still covered with snow.
산들의 정상은 아직 눈으로 덮여 있다.

0188 Can I p____________ by credit card?
신용 카드로 지불해도 되나요?

0189 She found the book i____________.
그녀는 그 책이 재미있다는 것을 알았다.

0190 Are you s____________ about that?
너는 그것에 대해 확신하니?

필수 숙어

055 be in good shape (몸의) 상태가 좋다
He is in good shape. 그는 몸 상태가 좋다.

056 be in use 사용 중이다
The scanner is in use. 스캐너는 사용 중이다.

057 be into ~ ~에 열중하다, ~을 무척 좋아하다
She is into the new computer game. 그녀는 새 컴퓨터 게임을 무척 좋아한다.

___학년 ______반 이름 ______________

DAY 10 Word Test 0191-0200

년 월 일 | 맞힌 단어수 ◯◯ / 10

단어와 뜻을 듣고 빈칸에 단어를 넣어 문장을 완성하세요. 그런 다음, 듣고 따라 말하면서 문장을 외우세요.

0191 a pair of g______________s
장갑 한 켤레

0192 According to the m______________, we should turn right.
지도에 따르면, 우리는 우회전해야 한다.

0193 I took my u______________ because it looked like rain.
비가 올 것 같아서 나는 우산을 가져갔다.

0194 Can you r______________ your name please?
이름을 다시 말씀해 주시겠어요?

0195 I w______________ you a Merry Christmas.
즐거운 성탄절이 되길 바란다.

0196 Write down your name and a______________ please.
이름과 주소를 적어 주세요.

0197 We f______________ed the bookcase to the wall.
우리는 책꽂이를 벽에 고정시켰다.

0198 Try not to get your shoes d______________.
신발이 더러워지지 않도록 해라.

0199 He was standing in the m______________ of the playground.
그는 운동장의 한가운데에 서 있었다.

0200 She has a r______________ face.
그녀는 얼굴이 둥글다.

필수 숙어

058 be known as ~ ~으로 알려져 있다
He is known as the tallest man in the world. 그는 세계에서 가장 키가 큰 남자로 알려져 있다.

059 be made of ~ ~으로 만들어지다
This chair is made of wood. 이 의자는 나무로 만들어졌다.

060 be over 끝나다
The rainy season will be over soon. 장마철이 곧 끝날 것이다.

단어의 발음과 뜻을 듣고 따라 말하면서 6회 써 보세요.

0201

case [kéis]
명 통, 상자

case case case case

0202

life [láif]
명 생명, 인생, 생활

life life life life

0203

salt [sɔ́:lt]
명 소금

salt salt salt salt

0204

speech* [spí:tʃ]
명 말, 연설

speech speech speech speech

0205
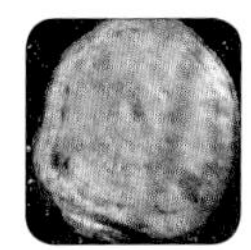
wood [wúd]
명 나무, 목재, 숲

wood wood wood wood

0206

lucky [lʌ́ki]
형 행운의

lucky lucky lucky lucky

0207

begin [bigín]
동 시작하다

begin begin begin begin

0208

throw [θróu]
동 던지다

throw throw throw throw

0209

clean [klí:n]
형 깨끗한

clean clean clean clean

0210

rest [rést]
명 휴식

rest rest rest rest

DAY 11 0211-0220

년 월 일 | 암기 단어수 ◯◯ / 10

단어의 발음과 뜻을 듣고 따라 말하면서 6회 써 보세요.

0211

grape
[gréip]
명 포도

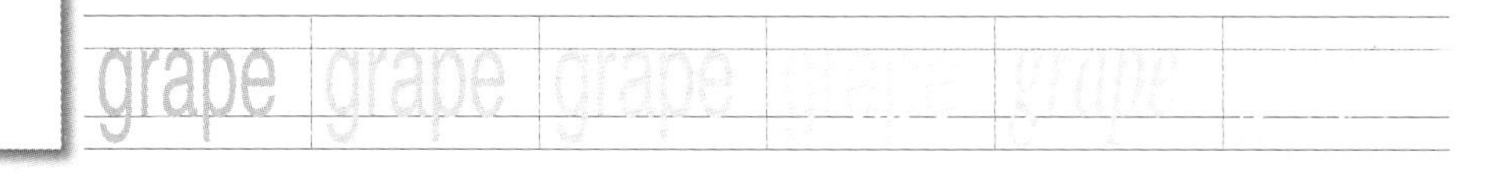

0212

night
[náit]
명 밤, 야간

0213

seat
[síːt]
명 자리, 좌석

0214

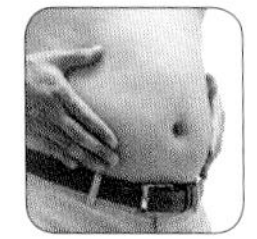

stomach
[stʌ́mək]
명 위, 배

0215

different
[dífərənt]
형 다른

0216

minute
[mínit]
명 분, 순간

0217

drink
[dríŋk]
동 마시다

0218

want
[wánt]
동 원하다, 바라다

0219

close*
[klóuz]
형 가까운 동 닫다

0220

surprise
[sərpráiz]
동 놀라게 하다

0201-0210

____학년 ______반 이름 ______________

년 월 일 | 맞힌 단어수 ◯◯ / 10

단어와 뜻을 듣고 빈칸에 단어를 넣어 문장을 완성하세요. 그런 다음, 듣고 따라 말하면서 문장을 외우세요.

0201 I lost my pencil c______________ yesterday.
나는 어제 연필통을 잃어버렸다.

0202 It was the best day of my l______________.
내 인생의 최고의 날이었다.

0203 Natural sea s______________ has a lot of minerals.
천일염은 미네랄이 풍부하다.

0204 Every student had to give a s______________ on friendship.
모든 학생들은 우정에 관한 연설을 해야 했다.

0205 The table is made of w______________.
그 탁자는 나무로 만들어졌다.

0206 Two is my l______________ number.
2는 나의 행운의 숫자이다.

0207 The class b______________s at 9:00 a.m.
그 수업은 9시에 시작한다.

0208 Don't t______________ your trash on the floor.
쓰레기를 바닥에 내던지지 마라.

0209 She keeps a very c______________ house.
그녀는 집을 아주 깨끗하게 유지한다.

0210 You should take a r______________.
너는 휴식을 취해야만 한다.

필수 숙어

061 be proud of ~ ~를 자랑스럽게 여기다
I am proud of my father. 나는 아버지가 자랑스럽다.

062 be responsible for ~ ~에 대해 책임이 있다
You are responsible for the accident. 너는 그 사고에 대해 책임이 있다.

063 be too much for ~ ~에게 힘에 겹다
This work is too much for us. 이 일은 우리에게 버겁다.

학년 ______ 반 이름 ______

DAY 11 Word Test 0211-0220

년 월 일 | 맞힌 단어수 ◯◯ / 10

단어와 뜻을 듣고 빈칸에 단어를 넣어 문장을 완성하세요. 그런 다음, 듣고 따라 말하면서 문장을 외우세요.

0211 She bought a bunch of g__________s.
그녀는 포도 한 송이를 샀다.

0212 It was a silent n__________.
고요한 밤이었다.

0213 Please have a s__________.
자리에 앉아 주세요.

0214 I have problems with my s__________.
내 배에 문제가 있다.

0215 They are twins but act in d__________ ways.
그들은 쌍둥이지만 다른 방식으로 행동한다.

0216 It takes me thirty m__________s to get there.
그곳에 도착하는 데 30분이 걸린다.

0217 My dad likes to d__________ *makgeolli*.
아버지는 막걸리를 즐겨 마신다.

0218 What do you w__________ for your birthday?
생일 선물로 무엇을 원하니?

0219 Could you c__________ the window please?
창문을 닫아 주시겠어요?

0220 The results will s__________ you.
그 결과는 너를 놀라게 할 것이다.

필수 숙어

064 be under arrest 체포되다
He was under arrest last night. 그는 지난밤 체포되었다.

065 be up 끝나다, 종료하다
The time for the test was up in the end. 마침내 시험 시간이 끝났다.

066 be washed away (물에) 떠내려가다
All the things were washed away by the flood. 홍수로 모든 것이 떠내려갔다.

DAY 12

0221-0230

___학년 ___반 이름 ___

년 월 일 | 암기 단어수 ◯◯ / 10

단어의 발음과 뜻을 듣고 따라 말하면서 6회 써 보세요.

0221
hill
[híl]
명 언덕

hill hill hill hill hill

0222
people
[pí:pl]
명 사람들

people people people people people

0223
ship
[ʃíp]
명 배

ship ship ship ship ship

0224
excellent
[éksələnt]
형 우수한, 뛰어난

excellent excellent excellent excellent excellent

0225
quick
[kwík]
형 빠른

quick quick quick quick quick

0226
forget*
[fərgét]
동 잊다

forget forget forget forget forget

0227
spend*
[spénd]
동 돈을 쓰다

spend spend spend spend spend

0228
welcome
[wélkəm]
동 환영하다

welcome welcome welcome welcome welcome

0229
farm
[fá:rm]
명 농장

farm farm farm farm farm

0230
touch
[tʌ́tʃ]
동 만지다

touch touch touch touch touch

단어의 발음과 뜻을 듣고 따라 말하면서 6회 써 보세요.

0231

kid
[kíd]
명 아이

kid kid kid kid kid

0232
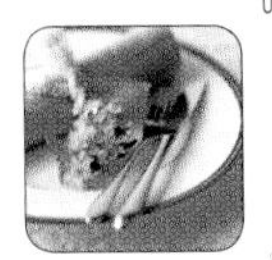
plate
[pléit]
명 접시

plate plate plate plate plate

0233

snake
[snéik]
명 뱀

snake snake snake snake snake

0234

uncle
[ʌ́ŋkl]
명 삼촌, 아저씨

uncle uncle uncle uncle uncle

0235

free
[fríː]
형 자유로운, 무료의

free free free free free

0236

young
[jʌ́ŋ]
형 젊은, 어린

young young young young young

0237

hear
[híər]
동 듣다

hear hear hear hear hear

0238

around
[əráund]
부 주위에, 대략

around around around around around

0239

matter*
[mǽtər]
명 일, 문제

matter matter matter matter matter

0240

work
[wə́ːrk]
동 일하다

work work work work work

0221-0230

____학년 ______반 이름 ____________

년 월 일 | 맞힌 단어수 ◯◯/ 10

단어와 뜻을 듣고 빈칸에 단어를 넣어 문장을 완성하세요. 그런 다음, 듣고 따라 말하면서 문장을 외우세요.

0221 There is a house on a green h____________.
푸른 언덕 위에 집이 한 채 있다.

0222 How many p____________ are there on the playground?
얼마나 많은 사람들이 운동장에 있나요?

0223 The Titanic was a s____________ which sank in 1912.
Titanic호는 1912년에 침몰한 배이다.

0224 That's an e____________ idea.
그것은 아주 좋은 생각이다.

0225 It must be q____________er by train.
기차로 가는 것이 틀림없이 더 빠르다.

0226 I won't f____________ your name.
나는 너의 이름을 잊지 않을 거야.

0227 Korean parents s____________ lots of money on education.
한국의 부모들은 교육에 많은 돈을 쓴다.

0228 They w____________d us warmly at the airport.
그들은 공항에서 우리를 따뜻하게 환영했다.

0229 He worked on the f____________ all his life.
그는 평생 농장에서 일했다.

0230 Please do not t____________ the paintings.
그림들을 만지지 마세요.

필수 숙어

067 be worried about ~ ~에 대해 걱정하다
They are always worried about me. 그들은 항상 나를 걱정한다.

068 blow out ~ ~을 끄다
We blew out the candles. 우리는 촛불을 껐다.

069 break down 고장 나다
The photo copier broke down again. 복사기가 또 고장 났다.

Word Test 0231-0240

단어와 뜻을 듣고 빈칸에 단어를 넣어 문장을 완성하세요. 그런 다음, 듣고 따라 말하면서 문장을 외우세요.

0231 She took the k__________s to the zoo.
그녀는 아이들을 동물원에 데려갔다.

0232 There is still food on your p__________.
네 접시에 아직 음식이 남아 있다.

0233 My dog was bitten by a s__________.
나의 개가 뱀에 물렸다.

0234 I visited my u__________ in London.
나는 London에 있는 삼촌을 방문했다.

0235 I am f__________ at last.
나는 드디어 자유롭다.

0236 You're too y__________ to go to school.
너는 너무 어려서 학교에 갈 수 없다.

0237 I can't h__________ you. Speak up please.
당신 말이 안 들려요. 크게 말해 주세요.

0238 We can hear the birds singing all a__________ us.
우리는 우리 주위의 사방에서 새들이 노래하고 있는 것을 들을 수 있다.

0239 What's the m__________?
문제가 무엇인가?

0240 My father w__________s at a bank.
나의 아버지는 은행에서 일하신다.

필수 숙어

070 bring about ~ ~을 가져오다, ~을 불러일으키다, ~을 초래하다
Music and movies bring about emotions. 음악과 영화는 감정을 불러일으킨다.

071 burst into tears 울음을 터뜨리다
She burst into tears. 그녀는 와락 울음을 터뜨렸다.

072 call ~ names ~를 욕하다
Don't call me names. 나를 욕하지 마.

DAY 13 0241-0250

단어의 발음과 뜻을 듣고 따라 말하면서 6회 써 보세요.

0241

air
[έər]
명 공기, 대기

0242

hobby
[hábi]
명 취미

0243

person
[pə́:rsn]
명 사람, 개인

0244

tie
[tái]
동 묶다, 매다

0245
delicious
[dilíʃəs]
형 맛있는

0246

same
[séim]
형 같은, 동일한

0247
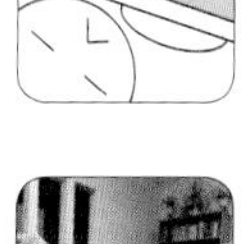

maybe
[méibi]
부 어쩌면, 아마

0248
live
[lív]
동 살다

0249

fish
[fíʃ]
명 물고기

0250

worry
[wə́:ri]
동 걱정하게 만들다

____학년 ______반 이름 ____________

DAY 13 0251-0260

년 월 일 | 암기 단어수 ◯◯ / 10

단어의 발음과 뜻을 듣고 따라 말하면서 6회 써 보세요.

0251

example
[igzǽmpl]
명 보기, 예

0252

hospital
[háspitl]
명 병원

0253

president
[prézədənt]
명 대통령, 회장

0254

traffic
[trǽfik]
명 교통, 차량들

0255

expensive
[ikspénsiv]
형 비싼

0256

surprising*
[sərpráiziŋ]
형 놀라운, 놀랄

0257

outside
[áutsàid]
부 밖에, 밖으로

0258

mean*
[mí:n]
동 의미하다, 뜻하다

0259

play
[pléi]
동 놀다, 경기하다

0260

west
[wést]
명 서쪽, 서양, 서부

____학년 ____반 이름 ____________

DAY 13 Word Test 0241-0250

년 월 일 | 맞힌 단어수 ◯◯ / 10

단어와 뜻을 듣고 빈칸에 단어를 넣어 문장을 완성하세요. 그런 다음, 듣고 따라 말하면서 문장을 외우세요.

0241 I want to get some fresh a____________.
나는 신선한 공기를 마시고 싶다.

0242 What is your h____________?
너의 취미가 뭐니?

0243 He is a very gentle p____________.
그는 매우 온화한 사람이다.

0244 I t____________d all the letters with a ribbon.
나는 모든 편지들을 리본으로 묶었다.

0245 My mom made me a d____________ cake.
어머니가 내게 맛있는 케이크를 만들어 주셨다.

0246 He is the s____________ age as me.
그는 나와 동갑이다.

0247 M____________ that's not going to be a big problem.
아마도 그것은 큰 문제가 되지 않을 것이다.

0248 She l____________s in Chicago.
그녀는 Chicago에 산다.

0249 He caught three f____________ last weekend.
그는 지난 주말에 물고기 세 마리를 잡았다.

0250 Don't make your parents w____________.
부모님이 걱정하시지 않게 해.

필수 숙어

073 care about ~ ~에 마음을 쓰다, ~에 관심을 가지다
I don't care about dress. 나는 옷차림에 신경을 쓰지 않는다.

074 clean up 청소하다
You should clean up your room. 너는 너의 방을 청소해야 한다.

075 come into play 활동하기 시작하다, 작동하기 시작하다
Other problems came into play on the project. 그 프로젝트에 다른 문제점들이 작용하기 시작했다.

____학년 ______반 이름 ____________

DAY 13 Word Test 0251-0260

년 월 일 | 맞힌 단어수 / 10

단어와 뜻을 듣고 빈칸에 단어를 넣어 문장을 완성하세요. 그런 다음, 듣고 따라 말하면서 문장을 외우세요.

0251 These are good e____________s of recycling.
이것들이 재활용의 좋은 예이다.

0252 He works in the h____________.
그는 병원에서 일한다.

0253 Who will be the next p____________?
누가 차기 대통령이 될까요?

0254 The t____________ was heavy so I was late for the meeting.
교통이 혼잡해서 나는 회의에 늦었다.

0255 The house is too big and e____________.
그 집은 너무 크고 비싸다.

0256 She told me some s____________ news.
그녀는 내게 놀라운 소식을 들려주었다.

0257 Let's go o____________ and make a snowman!
밖에 나가서 눈사람을 만들자!

0258 The red light m____________s "stop" and the green light m____________s "go."
빨간 불은 '멈추라'는 뜻이고, 녹색 불은 '가라'는 뜻이다.

0259 My sister p____________s the cello well.
나의 여동생은 첼로를 잘 연주한다.

0260 The sun sets in the w____________.
태양은 서쪽으로 진다.

필수 숙어

076 come to a stop 멈추다
The bus came to a stop outside the school. 그 버스가 학교 밖에 멈췄다.

077 come true 실현되다
I hope your dreams come true. 네 꿈이 실현되기를 바란다.

078 come up with ~ (생각 · 계획 등을) 갖게 되다, ~이 떠오르다
He came up with a great idea. 그는 멋진 생각을 떠올렸다.

DAY 14 0261-0270

____학년 ______반 이름 ____________

년 월 일 | 암기 단어수 ◯◯ / 10

단어의 발음과 뜻을 듣고 따라 말하면서 6회 써 보세요.

0261

future
[fjúːtʃər]
명 미래, 장래

future future future future future

0262

job
[dʒáb]
명 일, 직업

job job job job job

0263

shoes
[ʃúːz]
명 신발, 구두

shoes shoes shoes shoes shoes

0264

woman
[wúmən]
명 여자, 여성

woman woman woman woman woman

0265

kind*
[káind]
명 종류 형 친절한

kind kind kind kind kind

0266

warm
[wɔ́ːrm]
형 따뜻한

warm warm warm warm warm

0267

choose*
[tʃúːz]
동 고르다, 선택하다

choose choose choose choose choose

0268

understand
[ʌ̀ndərstǽnd]
동 이해하다

understand understand understand understand understand

0269

ride
[ráid]
동 탈것을 타다

ride ride ride ride ride

0270

north
[nɔ́ːrθ]
명 북쪽, 북부

north north north north north

DAY 14 0271-0280

단어의 발음과 뜻을 듣고 따라 말하면서 6회 써 보세요.

0271

grass
[græs]
명 풀, 잔디

grass grass grass grass grass

0272

lunch
[lʌntʃ]
명 점심

lunch lunch lunch lunch lunch

0273

spider
[spáidər]
명 거미

spider spider spider spider spider

0274

cool
[kúːl]
형 시원한, 냉정한

cool cool cool cool cool

0275

quiet*
[kwáiət]
형 조용한, 고요한

quiet quiet quiet quiet quiet

0276

far
[fáːr]
형 먼, 아득한

far far far far far

0277
hold
[hóuld]
동 잡다, 들다

hold hold hold hold hold

0278

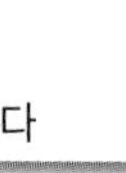
break
[bréik]
동 깨다, 부수다

break break break break break

0279

snow
[snóu]
동 눈이 오다

snow snow snow snow snow

0280

straight*
[stréit]
형 곧은, 똑바른

straight straight straight straight straight

____학년 ______반 이름 ____________

DAY 14 Word Test 0261-0270

년 월 일 | 맞힌 단어수 ◯◯ / 10

단어와 뜻을 듣고 빈칸에 단어를 넣어 문장을 완성하세요. 그런 다음, 듣고 따라 말하면서 문장을 외우세요.

0261 I want to be a scientist in the f__________.
나는 미래에 과학자가 되고 싶다.

0262 My uncle is looking for a new j__________.
나의 삼촌은 새 직업을 찾고 있다.

0263 I need a new pair of s__________.
나는 새 신발 한 켤레가 필요하다.

0264 The w__________ is wearing a blue dress.
그 여자는 파란 드레스를 입고 있다.

0265 You are very k__________ to say so.
그렇게 말씀해 주시다니 참 친절하시군요.

0266 Put on your w__________ coat.
너의 따뜻한 코트를 입어라.

0267 Come here and c__________ your favorite one.
이리 와서 네가 가장 좋아하는 것을 골라라.

0268 I u__________ how you feel.
나는 네가 어떤 기분인지 이해한다.

0269 She sometimes r__________s a horse in the field.
그녀는 가끔 들판에서 말을 탄다.

0270 The birds travel n__________ in summer.
새들은 여름에 북쪽으로 이동한다.

필수 숙어

079 cut down 베어 넘어뜨리다
The trees were cut down in the forest. 숲 속에 있는 나무들이 베어졌다.

080 cut out 잘라 내다
Cut out the paper into a star shape. 종이를 별 모양으로 잘라라.

081 day and night 밤낮으로
He works hard day and night. 그는 밤낮으로 열심히 일한다.

___학년 ______반 이름 ______________

DAY 14 Word Test 0271-0280

년 월 일 | 맞힌 단어수 ◯◯ / 10

단어와 뜻을 듣고 빈칸에 단어를 넣어 문장을 완성하세요. 그런 다음, 듣고 따라 말하면서 문장을 외우세요.

0271 Keep off the g____________.
잔디밭에 들어가지 마시오.

0272 They went out for l____________ together.
그들은 함께 점심을 먹으러 나갔다.

0273 S____________s have eight legs.
거미는 여덟 개의 다리를 가지고 있다.

0274 She dived into the c____________ water.
그녀는 시원한 물속으로 뛰어들었다.

0275 Please be q____________.
조용히 해 주세요.

0276 It's not f____________ from here.
여기에서 멀지 않아요.

0277 H____________ tight to the handle.
손잡이를 단단히 잡아라.

0278 I heard the sound of b____________ing glass.
나는 유리가 깨지는 소리를 들었다.

0279 It has s____________ed for several days.
며칠간 눈이 내렸다.

0280 A s____________ line is the shortest line between two points.
직선은 두 점 사이에서 가장 짧은 선이다.

필수 숙어

082 deal with ~ ~을 처리하다, ~을 다루다
Tell me how I can deal with it. 그것을 어떻게 처리해야 하는지 알려 줘.

083 dedicate one's life to ~ ~에 삶을 바치다, ~에 헌신하다
She dedicated her life to volunteer work. 그녀는 봉사 활동에 일생을 바쳤다.

084 depend on ~ ~에 달려 있다
It depends on the situation. 그것은 상황에 따라 다르다.

15 0281-0290

____학년 ______반 이름 ______________

년 월 일 | 암기 단어수 ◯◯ / 10

단어의 발음과 뜻을 듣고 따라 말하면서 6회 써 보세요.

0281

age
[éidʒ]
명 나이, 연령

0282

earth
[ə́ːrθ]
명 지구, 대지, 흙

0283

holiday
[hálədèi]
명 휴일, 휴가

0284
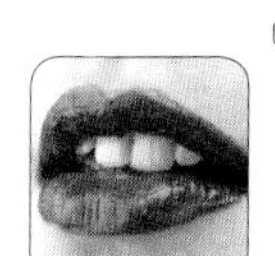
mouth
[máuθ]
명 입

0285

problem
[prábləm]
명 문제, 골칫거리

0286

socks
[sáks]
명 양말

0287

window
[wíndou]
명 창문

0288

sweet
[swíːt]
형 달콤한

0289

finish*
[fíniʃ]
동 끝내다, 마치다

0290

change*
[tʃéindʒ]
동 바꾸다, 변화시키다

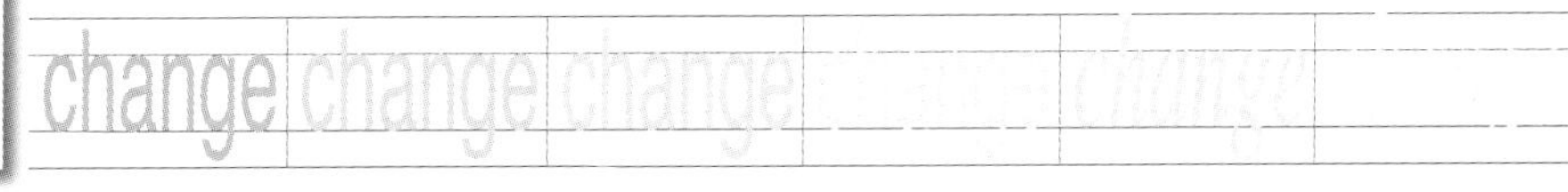

DAY 15 0291-0300

년 월 일 | 암기 단어수 ◯◯ / 10

단어의 발음과 뜻을 듣고 따라 말하면서 6회 써 보세요.

0291

company
[kʌ́mpəni]
명 회사, 동료

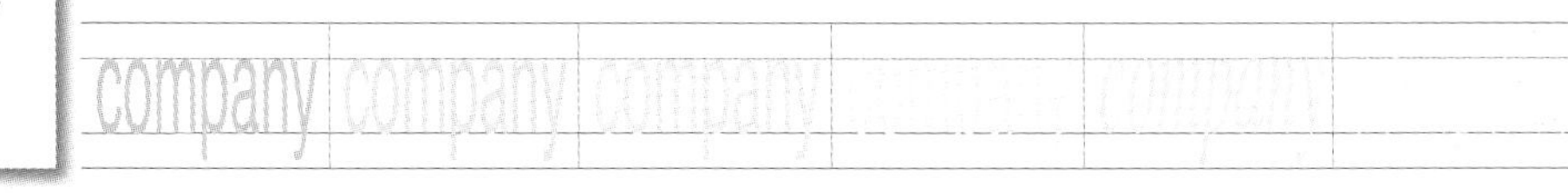

0292

favor
[féivər]
명 호의, 부탁

0293

king
[kíŋ]
명 왕, 국왕

0294

pet
[pét]
명 애완동물

0295

rabbit
[rǽbit]
명 토끼

0296

spring
[spríŋ]
명 봄

0297

world
[wə́:rld]
명 세계, 세상

0298

tired
[táiərd]
형 피곤한, 지친

0299

hide*
[háid]
동 감추다, 숨다

0300

use
[jú:s]
명 사용

0281-0290

____학년 ______반 이름 ____________

년 월 일 | 맞힌 단어수 ◯◯ / 10

단어와 뜻을 듣고 빈칸에 단어를 넣어 문장을 완성하세요. 그런 다음, 듣고 따라 말하면서 문장을 외우세요.

0281 Mozart passed away at the a____________ of 35.
Mozart는 35세의 나이에 사망했다.

0282 Over 70% of the e____________'s surface is sea.
지구 표면의 70% 이상이 바다이다.

0283 We're on h____________ next week.
우리는 다음 주에 휴가이다.

0284 Don't talk with your m____________ full.
입에 음식을 가득 넣은 채 말하지 마라.

0285 I have a few p____________s with my computer.
내 컴퓨터에 문제가 좀 있다.

0286 They put a pair of s____________ at their bedside on Christmas Eve.
그들은 크리스마스 전날 밤에 양말 한 켤레를 머리맡에 두었다.

0287 She looked out of the w____________.
그녀는 창문 밖을 내다보았다.

0288 The chocolate is too s____________.
그 초콜릿은 너무 달다.

0289 You have to f____________ your homework first.
너는 너의 숙제를 먼저 끝내야 한다.

0290 The leaves on trees c____________ color in the fall.
나뭇잎들은 가을에 색깔이 바뀐다.

필수 숙어

085 do a favor 부탁을 들어주다
Would you do me a favor? 부탁 좀 들어주시겠어요?

086 do a good job 잘 해내다
You did a good job! 잘 했어!

087 do one's best 최선을 다하다
I did my best to help her. 나는 그녀를 돕기 위해 최선을 다했다.

단어와 뜻을 듣고 빈칸에 단어를 넣어 문장을 완성하세요. 그런 다음, 듣고 따라 말하면서 문장을 외우세요.

0291 She works for a food c______________.
그녀는 식품 회사에서 일한다.

0292 Would you do me a f______________?
부탁 좀 들어주실래요?

0293 A lion is the k______________ of the jungle.
사자는 정글의 왕이다.

0294 She was bitten by my p______________ dog.
그녀는 나의 애완견에게 물렸다.

0295 A r______________ has long ears and red eyes.
토끼는 긴 귀와 빨간 눈을 가지고 있다.

0296 Flowers bloom in s______________.
꽃들은 봄에 핀다.

0297 I decided to travel around the w______________.
나는 세계를 일주하기로 결심했다.

0298 He was too t______________ to drive a car.
그는 너무 피곤해서 운전할 수 없었다.

0299 She used to h______________ her diary in the desk drawer.
그녀는 일기를 책상 서랍 속에 숨기곤 했다.

0300 He always u______________s the same fork.
그는 항상 같은 포크를 사용한다.

필수 숙어

088 drive away ~ ~을 쫓아버리다
He drove away the mosquitos. 그는 모기들을 쫓아버렸다.

089 drop by 잠시 들르다
I will drop by your office later. 나중에 네 사무실에 잠깐 들를게.

090 drop off ~ ~에서 떨어지다 (= drop from ~)
The book dropped off the shelf. 책이 책꽂이에서 떨어졌다.

DAY 16 0301-0310

___학년 ___반 이름 ______

년 월 일 | 암기 단어수 ◯◯ / 10

단어의 발음과 뜻을 듣고 따라 말하면서 6회 써 보세요.

0301

country
[kʌ́ntri]
명 나라, 국가, 시골

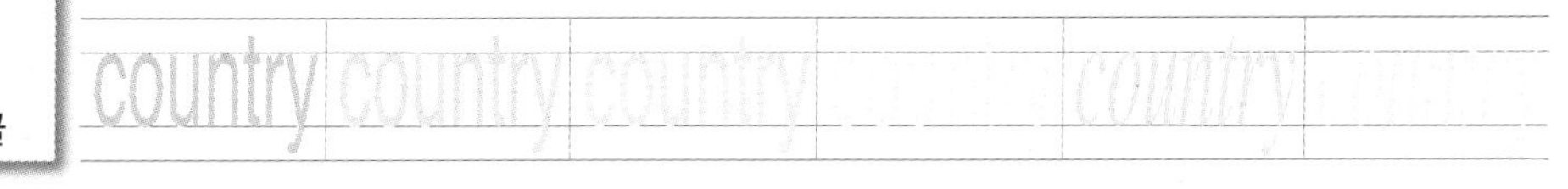

0302

finger
[fíŋgər]
명 손가락

0303

lake
[léik]
명 호수

0304
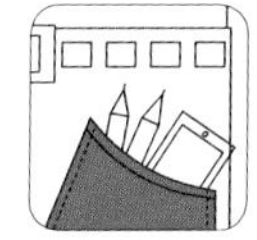
pocket
[pákit]
명 주머니

0305
restroom
[réstru:m]
명 화장실

0306

strawberry
[strɔ́:bèri]
명 딸기

0307

dangerous*
[déindʒərəs]
형 위험한

0308
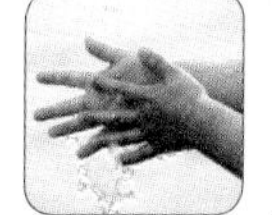
wet
[wét]
형 젖은

0309

loose**
[lú:s]
형 헐거운, 풀린

0310

ahead
[əhéd]
부 앞으로, 앞에

___학년 ______반 이름 ____________

DAY 16 0311-0320

년 월 일 | 암기 단어수 ◯◯ / 10

단어의 발음과 뜻을 듣고 따라 말하면서 6회 써 보세요.

0311

daughter
[dɔ́:tər]
명 딸

0312

gray/grey
[gréi]
명 회색

0313

month
[mʌ́nθ]
명 달, 개월

0314

prince
[príns]
명 왕자

0315

science
[sáiəns]
명 과학

0316
train
[tréin]
명 기차

0317
short
[ʃɔ́:rt]
형 짧은, 키가 작은

0318
build*
[bíld]
동 건물을 짓다

0319
wash
[wɑ́ʃ]
동 씻다, 세탁하다

0320
near
[níər]
형 가까운

0301-0310

____학년 ______반 이름 ____________

년 월 일 | 맞힌 단어수 ◯◯/ 10

단어와 뜻을 듣고 빈칸에 단어를 넣어 문장을 완성하세요. 그런 다음, 듣고 따라 말하면서 문장을 외우세요.

0301 There are over two hundred c____________ in the world.
전 세계에 200개 이상의 나라들이 있다.

0302 She is wearing a ring on her f____________.
그녀는 손가락에 반지를 끼고 있다.

0303 There is a boat on the l____________.
호수 위에 배 한 척이 있다.

0304 Ryan stood with his hands in his p____________s.
Ryan은 주머니에 손을 넣고 서 있었다.

0305 Do you know where the r____________ is?
화장실이 어디에 있는지 아세요?

0306 I like s____________ ice cream.
나는 딸기 아이스크림을 좋아한다.

0307 It's d____________ to walk alone at night.
밤에 혼자 걷는 것은 위험하다.

0308 Don't sit on the w____________ grass.
젖은 잔디 위에 앉지 마라.

0309 He is always wearing a l____________ T-shirt and jeans.
그는 항상 헐렁한 티셔츠에 청바지를 입는다.

0310 She walked on a____________ of us.
그녀는 우리들 앞에서 걸었다.

필수 숙어

091 each other 서로
They are facing each other. 그들은 서로 마주 보고 있다.

092 eat up ~ ~을 먹어 치우다
We ate up the whole pizza. 우리는 피자를 다 먹어 치웠다.

093 even though ~ 비록 ~일지라도 (= although ~)
Even though this computer is old, it still works well. 비록 이 컴퓨터는 오래되었지만, 여전히 잘 작동한다.

____학년 ______반 이름 ______________

DAY 16 Word Test 0311-0320

년 월 일 | 맞힌 단어수 ◯◯ / 10

단어와 뜻을 듣고 빈칸에 단어를 넣어 문장을 완성하세요. 그런 다음, 듣고 따라 말하면서 문장을 외우세요.

0311 She has two d______________ s and one son.
그녀는 딸 둘에 아들 하나를 두고 있다.

0312 The sky is dark g______________ .
하늘이 짙은 회색이다.

0313 She'll be fourteen years old next m______________ .
그녀는 다음 달이면 14살이 된다.

0314 The p______________ fell in love with a beautiful woman.
왕자는 한 아름다운 여성과 사랑에 빠졌다.

0315 What did you do in s______________ class today?
너는 오늘 과학 시간에 무엇은 했니?

0316 This t______________ is for Incheon.
이 기차는 인천행입니다.

0317 Messi is a s______________ soccer player.
Messi는 키가 작은 축구 선수이다.

0318 The birds b______________ the nests on the tree.
새들은 나무에 둥지를 짓는다.

0319 Go and w______________ your hands first.
가서 손을 먼저 씻어라.

0320 The n______________ est bank is two blocks away.
가장 가까운 은행은 두 블록 떨어져 있다.

필수 숙어

094 every time ~ ~할 때마다
Every time I looked at the girl, she was smiling. 그 소녀를 볼 때마다, 그녀는 미소 짓고 있었다.

095 far away 멀리
The department store is too far away. 그 백화점은 너무 멀다.

096 far from ~ ~에서 멀리
It's not far from here. 그곳은 여기에서 멀지 않다.

17

0321-0330

___학년 ___반 이름 ___

년 월 일 | 암기 단어수 ◯◯ / 10

단어의 발음과 뜻을 듣고 따라 말하면서 6회 써 보세요.

0321

artist
[áːrtist]
명 화가, 예술가

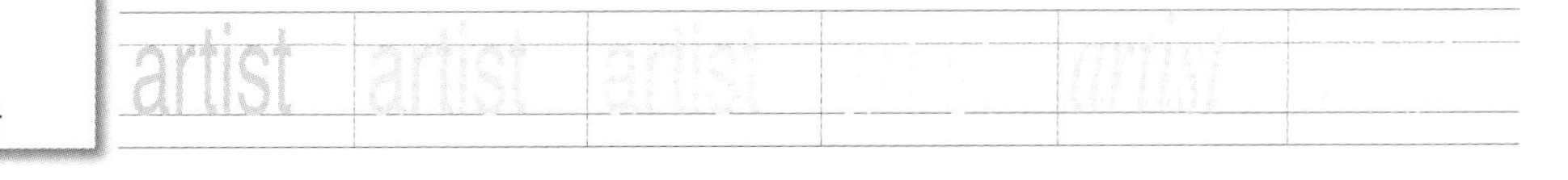

0322

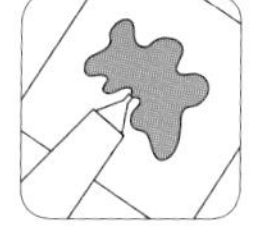

glue
[glúː]
동 접착제로 붙이다

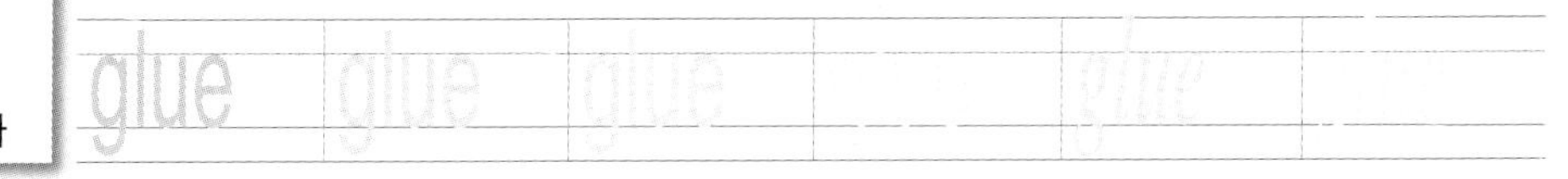

0323

mouse
[máus]
명 쥐, 생쥐, 마우스

mouse mouse mouse mouse

0324

scissors
[sízərz]
명 가위

scissors scissors scissors scissors

0325

vacation
[veikéiʃən]
명 방학, 휴가

vacation vacation vacation vacation

0326

wide*
[wáid]
형 넓은, 다양한

wide wide wide wide

0327

miss
[mís]
동 놓치다, 그리워하다

miss miss miss miss

0328

hate
[héit]
동 몹시 싫어하다

hate hate hate hate

0329

ring
[ríŋ]
동 전화하다

ring ring ring ring

0330

favorite
[féivərit]
형 매우 좋아하는

favorite favorite favorite favorite

DAY 17 0331-0340

단어의 발음과 뜻을 듣고 따라 말하면서 6회 써 보세요.

0331

cousin
[kʌ́zn]
명 사촌

cousin cousin cousin cousin

0332

homework
[hóumwə̀ːrk]
명 숙제, 과제

homework homework homework homework

0333

neck
[nék]
명 목

neck neck neck neck

0334

shoulder
[ʃóuldər]
명 어깨

shoulder shoulder shoulder shoulder

0335

winter
[wíntər]
명 겨울

winter winter winter winter

0336

become*
[bikʌ́m]
동 ~해지다, ~이 되다

become become become become

0337

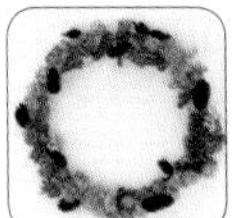

circle
[sə́ːrkl]
명 동그라미, 원

circle circle circle circle

0338

laugh
[lǽf]
동 웃다

laugh laugh laugh laugh

0339

swim
[swím]
동 수영하다, 헤엄치다

swim swim swim swim

0340

yesterday
[jéstərdèi]
명 부 어제

yesterday yesterday yesterday yesterday

____학년 ______반 이름 ____________

0321-0330

년 월 일 | 맞힌 단어수 ◯◯ / 10

단어와 뜻을 듣고 빈칸에 단어를 넣어 문장을 완성하세요. 그런 다음, 듣고 따라 말하면서 문장을 외우세요.

0321 He'll become a good a____________.
그는 훌륭한 예술가가 될 것이다.

0322 I used g____________ to stick the photo on the wall.
나는 접착제를 사용하여 사진을 벽에 붙였다.

0323 There is a m____________ in the kitchen.
부엌에 쥐가 한 마리 있다.

0324 Be careful when you use the s____________.
가위를 사용할 때 조심해라.

0325 The winter v____________ is just around the corner.
겨울 방학이 다가왔다.

0326 The road is w____________ and flat.
길이 넓고 평평하다.

0327 We m____________ed the last train to Seoul.
우리는 서울로 가는 마지막 기차를 놓쳤다.

0328 I really h____________ to eat vegetables.
나는 채소를 먹는 것이 정말 싫다.

0329 The phone is r____________ing.
전화가 울리고 있다.

0330 Apple pie is one of my f____________ desserts.
사과 파이는 내가 가장 좋아하는 후식 중 하나이다.

필수 숙어

097 feel at home 마음이 편안하다
I feel at home when I'm with you. 나는 너와 함께 있을 때 마음이 편하다.

098 feel free to ~ 마음대로 ~하다
Please feel free to ask questions. 마음껏 질문하세요.

099 feel like -ing ~하고 싶다
I don't feel like doing anything. 나는 아무것도 하고 싶지 않다.

___학년 ______반 이름 ____________

DAY 17 Word Test 0331-0340

년 월 일 | 맞힌 단어수 ◯◯ / 10

단어와 뜻을 듣고 빈칸에 단어를 넣어 문장을 완성하세요. 그런 다음, 듣고 따라 말하면서 문장을 외우세요.

0331 I'm going to visit my c______________ in China.
나는 중국에 있는 사촌을 방문할 것이다.

0332 She forgot to do her English h______________.
그녀는 영어 숙제할 것을 잊어버렸다.

0333 My brother broke his n______________ in the accident.
나의 형은 그 사고에서 목이 부러졌다.

0334 She carried a backpack on her s______________s.
그녀는 어깨에 배낭을 메고 있었다.

0335 They spent last w______________ in Hong Kong.
그들은 지난 겨울을 Hong Kong에서 보냈다.

0336 Her dream is to b______________ a teacher.
그녀의 꿈은 선생님이 되는 것이다.

0337 Cut out five c______________s of paper.
종이를 오려 동그라미 다섯 개를 만들어라.

0338 I couldn't stop l______________ing when I saw the TV show.
나는 그 TV 쇼를 보았을 때 웃는 것을 멈출 수 없었다.

0339 We can't s______________ in the river.
우리는 강에서 수영할 수 없다.

0340 It was very hot y______________.
어제는 아주 더웠다.

필수 숙어

100 figure out ~ ~을 알아내다, ~을 해결하다
I'm working on this problem, but I can't figure it out. 나는 이 문제를 연구하고 있지만, 그것을 해결할 수 없다.

101 find out ~ ~을 알아내다
He was trying to find out who was lying. 그는 누가 거짓말을 하고 있는지 알아내기 위해 애쓰고 있었다.

102 fit into ~ ~에 적응하다
They fitted into the new life well. 그들은 새로운 삶에 잘 적응했다.

DAY 18 0341-0350

____학년 ______반 이름 ____________

년 월 일 | 암기 단어수 ◯◯ / 10

단어의 발음과 뜻을 듣고 따라 말하면서 6회 써 보세요.

0341

evening
[íːvniŋ]
명 저녁
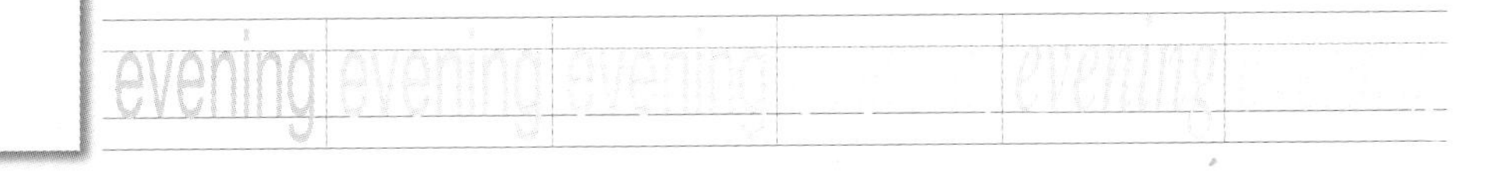

0342

kitchen
[kítʃən]
명 부엌, 주방

0343

princess
[prínsis]
명 공주
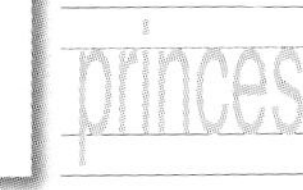

0344

square*
[skwέər]
명 정사각형, 광장

0345

difficult
[dífikʌlt]
형 어려운, 힘든

0346

catch
[kǽtʃ]
동 잡다, 붙잡다

0347

dream
[dríːm]
명 꿈

0348

point
[pɔ́int]
동 가리키다, 지시하다
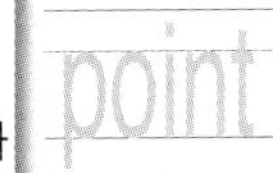

0349

travel
[trǽvəl]
동 여행하다, 이동하다

0350

today
[tədéi]
명 오늘, 오늘날, 현재

단어의 발음과 뜻을 듣고 따라 말하면서 6회 써 보세요.

0351
floor
[flɔ́:r]
명 바닥, 층

0352
leaf
[lí:f]
명 나뭇잎

0353
scientist
[sáiəntist]
명 과학자

0354
street
[strí:t]
명 거리, 도로, ~가

0355
rain
[réin]
동 비가 오다

0356
soft
[sɔ́:ft]
형 부드러운, 푹신한

0357
clothe*
[klóuð]
동 옷을 입히다

0358
fire
[fáiər]
명 불, 화재

0359
watch
[wátʃ]
동 지켜보다, 조심하다

0360
alone
[əlóun]
형 부 혼자, 단독으로

____학년 ______반 이름 ______________

DAY 18 Word Test 0341-0350

년 월 일 | 맞힌 단어수 ◯◯ / 10

단어와 뜻을 듣고 빈칸에 단어를 넣어 문장을 완성하세요. 그런 다음, 듣고 따라 말하면서 문장을 외우세요.

0341 We're going out to see a movie this e__________.
우리는 오늘 저녁에 영화를 보러 나갈 것이다.

0342 She wants a house with a large k__________.
그녀는 주방이 넓은 집을 원한다.

0343 My baby looks like a p__________.
나의 아기는 공주처럼 보인다.

0344 Cut the bread into s__________s.
빵을 정사각형으로 잘라라.

0345 My father had to make a very d__________ decision.
나의 아버지는 매우 어려운 결정을 해야만 했다.

0346 He can c__________ the basketball with one hand.
그는 농구공을 한 손으로 잡을 수 있다.

0347 He has a d__________ of climbing Mt. Everest.
그는 Everest 산을 오르는 꿈을 가지고 있다.

0348 I can see your p__________, but I don't think so.
네 요점이 무엇인지 알겠어. 하지만 나는 그렇게 생각하지 않아.

0349 It is not easy to t__________ by bike.
자전거로 여행하는 것은 쉽지 않다.

0350 We have to finish our report t__________.
우리는 오늘 보고서를 끝내야만 한다.

필수 숙어

103 focus on ~ ~에 초점을 맞추다, ~에 집중하다
We will focus on the new campaign. 우리는 새로운 캠페인에 초점을 맞출 것이다.

104 for a long time 오랫동안
I was waiting for you for a long time. 나는 오랫동안 너를 기다리고 있었다.

105 for a while 잠시 동안
She will stay in Seoul for a while. 그녀는 서울에 잠시 동안 머무를 것이다.

____학년 ______반 이름 ______________

0351-0360

년 월 일 | 맞힌 단어수 ◯◯ / 10

단어와 뜻을 듣고 빈칸에 단어를 넣어 문장을 완성하세요. 그런 다음, 듣고 따라 말하면서 문장을 외우세요.

0351 The woman who lives in the second f______________ is my teacher.
2층에 사는 여자 분은 나의 선생님이다.

0352 There is a maple l______________.
단풍잎이 있다.

0353 The s______________ found out the solution of the problem.
그 과학자는 그 문제의 해결책을 찾아냈다.

0354 I saw my best friend on the s______________.
나는 거리에서 나의 가장 친한 친구를 보았다.

0355 If it r______________s tomorrow, he'll stay home.
만약 내일 비가 오면, 그는 집에 머물 것이다.

0356 The s______________ music makes me comfortable.
부드러운 음악은 나를 편안하게 만든다.

0357 Parents feed and c______________ their children.
부모들은 그들의 자녀들을 먹이고 입힌다.

0358 Stay away from the f______________.
불에서 떨어져 있어라.

0359 I like to w______________ TV after I have dinner.
나는 저녁을 먹은 후에 TV 보는 것을 좋아한다.

0360 My grandmother has lived a______________ for many years.
나의 할머니께서는 수년 동안 혼자 사셨다.

필수 숙어

106 for centuries 수 세기 동안
The pyramids of ancient Egypt have been wrapped in mystery for centuries. 고대 Egypt의 피라미드는 수 세기 동안 미스터리로 싸여 있었다.

107 for example 예를 들면 (= for instance)
Many countries, for example Japan and Indonesia have a lot of earthquakes. 많은 나라들, 예를 들면 일본과 Indonesia에서 지진이 많이 일어난다.

108 for free 무료로
This service is for free. 이 서비스는 무료이다.

19 0361-0370

___학년 ___반 이름 ___

년 월 일 | 암기 단어수 ◯◯ / 10

단어의 발음과 뜻을 듣고 따라 말하면서 6회 써 보세요.

0361

carrot
[kǽrət]
명 당근, 보상

0362

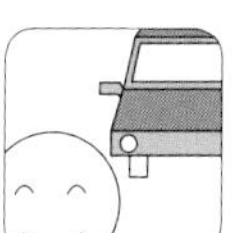

front
[fránt]
명 앞면, 앞쪽

0363

morning
[mɔ́ːrniŋ]
명 아침, 오전

0364

police
[pəlíːs]
명 경찰

0365

trip
[tríp]
명 짧은 여행, 관광

0366

bright*
[bráit]
형 밝은, 눈부신

0367

sick
[sík]
형 아픈, 병든

0368

together
[təgéðər]
부 함께, 같이

0369

pick
[pík]
동 고르다, 꺾다

0370

visit
[vízit]
동 방문하다, 찾아가다

DAY 19 0371-0380

년 월 일 | 암기 단어수 ◯◯ / 10

단어의 발음과 뜻을 듣고 따라 말하면서 6회 써 보세요.

0371
chicken
[tʃíkən]
명 닭, 닭고기

chicken chicken chicken chicken

0372
fruit
[frúːt]
명 과일, 열매

fruit fruit fruit fruit

0373
mountain
[máuntən]
명 산, 산더미

mountain mountain mountain mountain

0374
river
[rívər]
명 강, 강물

river river river river

0375
weight**
[wéit]
명 무게, 체중

weight weight weight weight

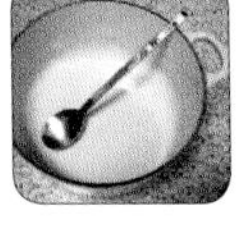

0376
empty*
[émpti]
형 비어 있는, 빈

empty empty empty empty

0377
strong
[strɔ́ːŋ]
형 튼튼한, 강한, 힘센

strong strong strong strong

0378
carry*
[kǽri]
동 나르다, 옮기다

carry carry carry carry

0379
board
[bɔ́ːrd]
명 판, 판자, 널

board board board board

0380
water
[wɔ́ːtər]
명 물

water water water water

0361-0370

___학년 ___반 이름 ______

년 월 일 | 맞힌 단어수 ◯◯ / 10

단어와 뜻을 듣고 빈칸에 단어를 넣어 문장을 완성하세요. 그런 다음, 듣고 따라 말하면서 문장을 외우세요.

0361 My little sister doesn't like c______s.
나의 여동생은 당근을 좋아하지 않는다.

0362 We will meet in f______ of the station.
우리는 역 앞에서 만날 것이다.

0363 I work out every m______.
나는 매일 아침 운동을 한다.

0364 The p______ were really kind.
그 경찰은 정말 친절했다.

0365 How was your t______?
여행은 어땠니?

0366 The lighting is too b______.
그 조명은 너무 밝다.

0367 I'm too s______ to go to school.
나는 너무 아파서 학교에 갈 수가 없다.

0368 They went to the park t______.
그들은 함께 공원에 갔다.

0369 She p______ed the cheese cake.
그녀는 치즈 케이크를 골랐다.

0370 I would like to v______ Paris.
나는 Paris를 방문하고 싶다.

필수 숙어

109 for sure 확실히, 분명히
We don't know for sure yet. 우리는 아직 확실히 알지 못한다.

110 from a distance 먼 거리에서
He comes to work from a long distance away. 그는 아주 먼 거리에서 출근한다.

111 from A to B A에서 B까지
It's about three kilometers from the school to my home. 학교에서 나의 집까지는 약 3킬로미터 거리이다.

___학년 ______반 이름 ____________

0371-0380

년 월 일 | 맞힌 단어수 ◯◯ / 10

단어와 뜻을 듣고 빈칸에 단어를 넣어 문장을 완성하세요. 그런 다음, 듣고 따라 말하면서 문장을 외우세요.

0371 I will cook c______________ for dinner.
나는 저녁으로 닭고기를 요리할 것이다.

0372 A woman is buying some f______________.
한 여자가 과일을 사고 있다.

0373 There are many m______________s in Korea.
한국에는 많은 산들이 있다.

0374 He went to the beautiful r______________.
그는 아름다운 강으로 갔다.

0375 She is trying to lose w______________.
그녀는 체중을 줄이기 위해 노력하고 있다.

0376 The bottle is e______________.
그 병은 비어 있다.

0377 He is as s______________ as his father.
그는 그의 아버지만큼 힘이 세다.

0378 I will c______________ your luggage to the living room.
내가 너의 짐을 거실로 옮길게.

0379 She put the poster on the b______________.
그녀는 포스터를 판에 붙였다.

0380 Would you like to drink a glass of w______________?
물 한 잔 드시겠습니까?

필수 숙어

112 from that day on 그날부터 계속
From that day on, I never said anything to him again. 그날부터 나는 그에게 다시 말을 걸지 않았다.

113 from this time on 이때 이후로
From this time on, they fell in love. 이때 이후로 그들은 사랑에 빠졌다.

114 from time to time 때때로, 가끔
We make mistakes from time to time. 우리는 때때로 실수를 한다.

DAY 20 0381-0390

____학년 ______반 이름 ____________

년 월 일 | 암기 단어수 ◯◯ / 10

단어의 발음과 뜻을 듣고 따라 말하면서 6회 써 보세요.

0381

clothes
[klóuz]
명 옷, 의복

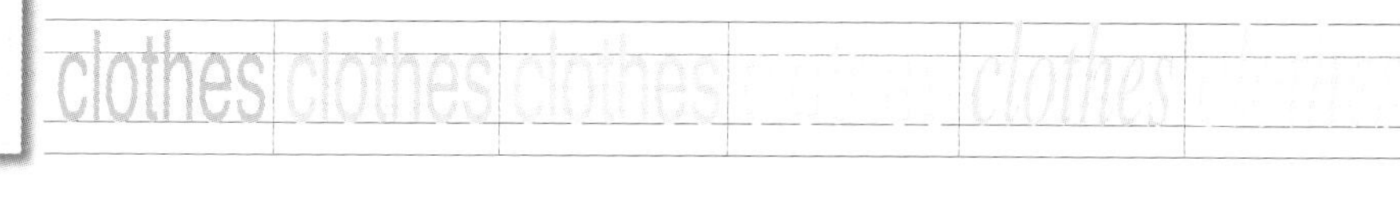

0382

knee
[ní:]
명 무릎

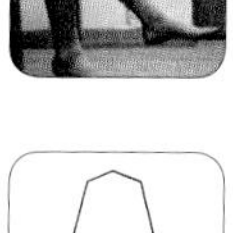

0383

nose
[nóuz]
명 코

0384

son
[sʌ́n]
명 아들

0385

wife
[wáif]
명 아내, 부인

0386

few*
[fjú:]
형 많지 않은, 약간의

0387

wonderful
[wʌ́ndərfəl]
형 아주 멋진, 훌륭한

0388

feed*
[fí:d]
동 먹이다, 먹이를 주다

0389

excuse
[ikskjú:z]
동 변명하다, 용서하다

0390

hurt*
[hə́:rt]
동 다치게 하다

DAY 20 0391-0400

년 월 일 | 암기 단어수 ◯◯/ 10

단어의 발음과 뜻을 듣고 따라 말하면서 6회 써 보세요.

0391

elephant
[éləfənt]
명 코끼리

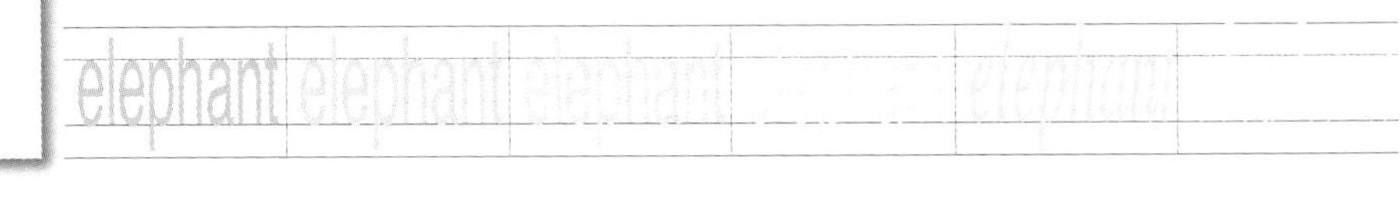

0392

letter
[létər]
명 편지, 글자, 문자

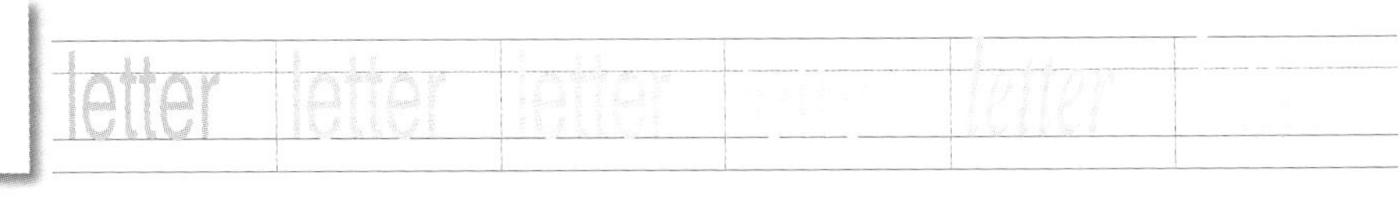

0393

photograph
[fóutəgræ̀f]
명 사진(= photo)

0394

stair
[stέər]
명 계단

0395

absent**
[ǽbsənt]
형 결석한, 자리에 없는

0396

ready
[rédi]
형 준비가 된

0397

almost
[ɔ́:lmoust]
부 거의, 대부분

0398

learn
[lə́:rn]
동 배우다, 학습하다

0399

guess*
[gés]
동 추측하다, 짐작하다

0400

present**
[prizént] 동 바치다
[préznt] 형 현재의

0381-0390

단어와 뜻을 듣고 빈칸에 단어를 넣어 문장을 완성하세요. 그런 다음, 듣고 따라 말하면서 문장을 외우세요.

0381 My c ______________ are dirty.
나의 옷은 더럽다.

0382 The soccer player got a k ______________ injury.
그 축구 선수는 무릎 부상을 당했다.

0383 She has a pretty n ______________.
그녀는 예쁜 코를 가졌다.

0384 His s ______________ is a middle school student.
그의 아들은 중학생이다.

0385 He really loves his w ______________.
그는 부인을 정말 사랑한다.

0386 F ______________ people know the news.
그 소식을 아는 사람은 많지 않다.

0387 It was a w ______________ game.
그것은 아주 멋진 경기였다.

0388 Don't f ______________ the animals.
동물들에게 먹이를 주지 마시오.

0389 My teacher e ______________ d the mistake.
나의 선생님는 실수를 용서해 주셨다.

0390 It h ______________ s me.
그것이 나를 아프게 한다.

필수 숙어

115 get along well 사이좋게 지내다
They get along well together. 그들은 함께 사이좋게 지낸다.

116 get angry 화를 내다
When I get angry, my face turns red. 나는 화가 나면, 얼굴이 빨개진다.

117 get back 되돌아가다
Can you get back to your seat? 네 자리로 돌아가겠니?

____학년 ____반 이름 ________

0391-0400

년 월 일 | 맞힌 단어수 ◯◯/ 10

단어와 뜻을 듣고 빈칸에 단어를 넣어 문장을 완성하세요. 그런 다음, 듣고 따라 말하면서 문장을 외우세요.

0391 An e__________ is one of the big animals.
코끼리는 큰 동물 중 하나이다.

0392 I sent my friend a l__________.
나는 내 친구에게 편지를 보냈다.

0393 I'm good at taking p__________s.
나는 사진을 잘 찍는다.

0394 She is walking up the s__________s.
그녀는 계단을 올라가고 있다.

0395 He was a__________ from school yesterday.
그는 어제 학교에 결석했다.

0396 Are you r__________ to order?
주문하실 준비가 되었습니까?

0397 She goes to the park a__________ every day.
그녀는 거의 매일 공원에 간다.

0398 Students l__________ many subjects.
학생들은 많은 과목을 배운다.

0399 I g__________ she is a nurse.
나는 그녀가 간호사라고 짐작한다.

0400 He p__________ed the queen with a diamond necklace.
그는 여왕에게 다이아몬드 목걸이를 바쳤다.

필수 숙어

118 get married to ~ ~와 결혼하다
He wants to get married to me. 그는 나와 결혼하기를 원한다.

119 get out of ~ ~에서 나가다
Let's get out of here! 여기서 나가자!

120 get over ~ ~을 극복하다
He got over the cancer and became well again. 그는 암을 극복하고 다시 건강해졌다.

DAY 21 0401-0410

단어의 발음과 뜻을 듣고 따라 말하면서 6회 써 보세요.

0401

bakery
[béikəri]
명 빵집, 제과점

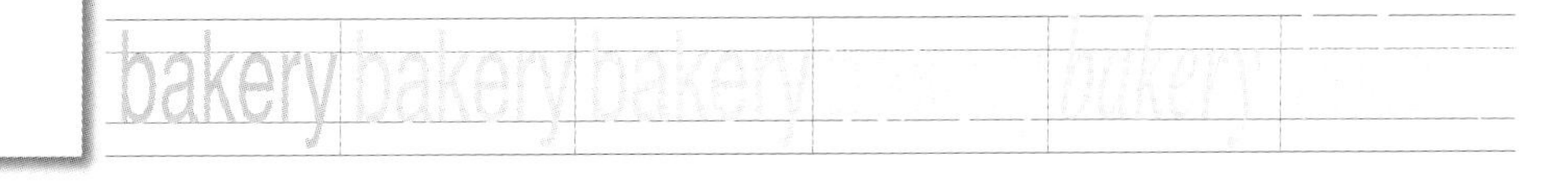

0402

danger*
[déindʒər]
명 위험

danger danger danger danger

0403

mathematics*
[mæθəmǽtiks]
명 수학 (= math)

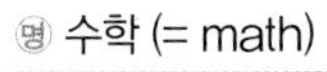

mathematics mathematics mathematics mathematics

0404

sir
[sə́ːr]
명 ~님, ~ 씨, 선생님

sir sir sir sir

0405

fantastic*
[fæntǽstik]
형 환상적인, 굉장한

fantastic fantastic fantastic fantastic

0406

western
[wéstərn]
형 서쪽의, 서양의

western western western western

0407

reduce*
[ridjúːs]
동 줄이다, 감소시키다

reduce reduce reduce reduce

0408

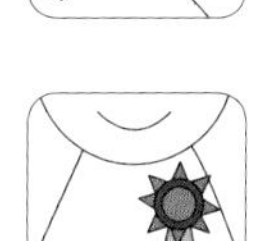

honor
[ánər]
동 존경하다, 명예를 주다

honor honor honor honor

0409

pardon
[páːrdn]
명 용서

pardon pardon pardon pardon

0410

surf
[səːrf]
동 파도타기를 하다

surf surf surf surf

DAY 21 0411-0420

년 월 일 | 암기 단어수 ◯◯ / 10

단어의 발음과 뜻을 듣고 따라 말하면서 6회 써 보세요.

0411

birth
[bə́:rθ]
명 탄생, 출산

0412

difficulty*
[dífikʌ̀lti]
명 곤란, 어려움

0413

poem
[póuəm]
명 시, 운문

0414

afraid*
[əfréid]
형 두려워하는, 걱정하는

0415

gentle
[dʒéntl]
형 상냥한, 친절한

0416

follow**
[fálou]
동 따라가다, 따라오다

0417

toward
[təwɔ́:rd]
전 ~ 쪽으로

0418

joke
[dʒóuk]
명 농담

0419

puzzle
[pʌ́zl]
동 당황하게 하다

0420

complete**
[kəmplí:t]
형 전부의, 완전한

____학년 ______반 이름 ______________

DAY 21 Word Test 0401-0410

년 월 일 | 맞힌 단어수 ◯◯/ 10

단어와 뜻을 듣고 빈칸에 단어를 넣어 문장을 완성하세요. 그런 다음, 듣고 따라 말하면서 문장을 외우세요.

0401 My brother works at a b______________.
나의 오빠는 제과점에서 일한다.

0402 Without your help, we would be in d______________.
너의 도움이 없었다면, 우리는 위험에 처했을 것이다.

0403 M______________ is my favorite subject.
수학은 내가 가장 좋아하는 과목이다.

0404 May I take your order, s______________?
주문하시겠습니까, 손님?

0405 There's a f______________ beach in this town.
이 동네에는 환상적인 해변이 있다.

0406 She lives in the w______________ part of the city.
그녀는 도시의 서쪽 지역에 산다.

0407 You should r______________ the amount of trash you throw away.
너는 네가 버리는 쓰레기의 양을 줄여야 한다.

0408 He is an h______________ to our family.
그는 우리 가족의 명예이다.

0409 He asked for her p______________.
그는 그녀의 용서를 구했다.

0410 They love to s______________.
그들은 파도타기하는 것을 아주 좋아한다.

필수 숙어

121 get to ~ ~에 도착하다
He got to the post office. 그는 우체국에 도착했다.

122 get together 모이다
They get together every holiday. 그들은 휴일마다 모인다.

123 get up 일어나다
She gets up early every morning. 그녀는 매일 아침 일찍 일어난다.

____학년 ______반 이름 ______________

DAY 21 Word Test 0411-0420

년 월 일 | 맞힌 단어수 ◯◯/ 10

단어와 뜻을 듣고 빈칸에 단어를 넣어 문장을 완성하세요. 그런 다음, 듣고 따라 말하면서 문장을 외우세요.

0411 This book is about b______________, life, and death.
이 책은 탄생, 인생, 그리고 죽음에 관한 것이다.

0412 I passed the exam without d______________.
나는 어려움 없이 시험에 합격했다.

0413 This is a p______________ written by my teacher.
이것은 나의 선생님이 쓰신 시이다.

0414 They were not a______________ of death.
그들은 죽음을 두려워하지 않았다.

0415 My mother talked in a g______________ voice.
나의 어머니는 상냥한 목소리로 말씀하셨다.

0416 I'll show you the way to the bank. Just f______________ me.
내가 은행으로 가는 길을 알려 줄게. 나만 따라와.

0417 The man is walking t______________ the church.
남자가 교회를 향해 걷고 있다.

0418 Don't take his j______________ seriously.
그의 농담을 심각하게 받아들이지 마.

0419 I like to do a crossword p______________.
나는 크로스워드 퍼즐 하는 것을 좋아한다.

0420 This is a c______________ waste of time.
이것은 완전히 시간 낭비이다.

필수 숙어

124 give ~ a big hand ~에게 큰 박수를 보내다
The audiences gave me a big hand after I played the piano. 청중들은 내가 피아노를 연주한 뒤 나에게 큰 박수를 보냈다.

125 give away 폭로하다, 누설하다
I gave away his secret. 나는 그의 비밀을 폭로했다.

126 give off (가스 · 냄새 등을) 발하다, 풍기다, 방출하다
The dog in the street gave off a bad smell. 거리에 있는 개가 나쁜 냄새를 풍겼다.

DAY 22 0421-0430

___학년 ___반 이름 ______

년 월 일 | 암기 단어수 ◯◯ / 10

단어의 발음과 뜻을 듣고 따라 말하면서 6회 써 보세요.

0421
bowl
[bóul]
명 사발, 공기

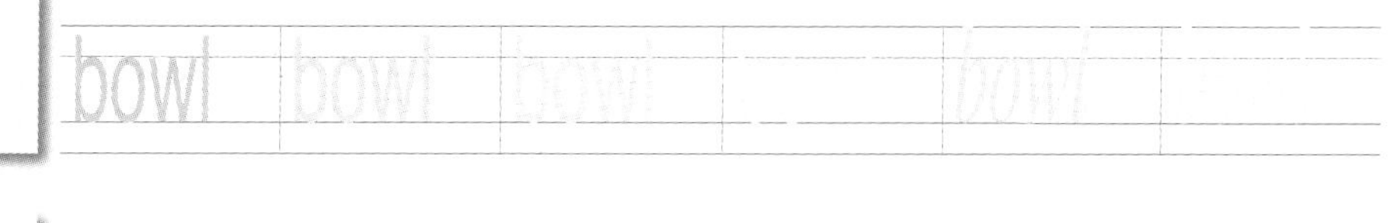

0422
hall
[hɔ́:l]
명 현관, 홀, 복도

0423
rope
[róup]
명 밧줄, 로프

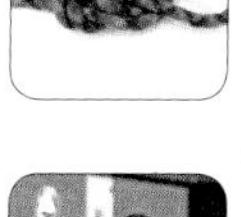

0424
clever*
[klévər]
형 영리한, 똑똑한

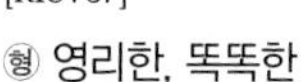

0425
southern
[sʌ́ðərn]
형 남쪽의, 남부의

0426
improve*
[imprú:v]
동 개선하다, 향상시키다

0427
appeal*
[əpí:l]
동 간청하다, 호소하다

0428
model
[mádl]
동 ~의 모형을 만들다

0429
share**
[ʃέər]
동 나누어 주다, 함께 쓰다

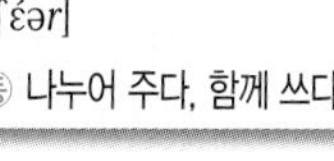

0430
upset**
[ʌpsét]
형 속상한, 마음이 상한

DAY 22 0431-0440

년 월 일 | 암기 단어수 ◯◯/ 10

단어의 발음과 뜻을 듣고 따라 말하면서 6회 써 보세요.

0431

castle
[kǽsl]
명 성, 성곽

0432

location*
[loukéiʃən]
명 위치, 장소

0433

script
[skrípt]
명 대본, 각본

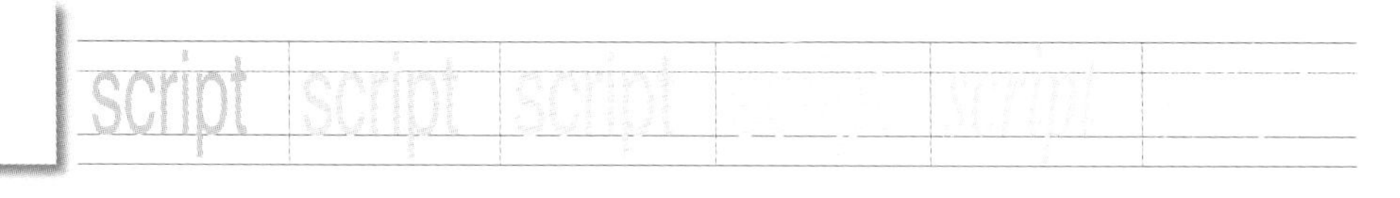

0434

elementary
[èləméntəri]
형 초보의, 기본적인

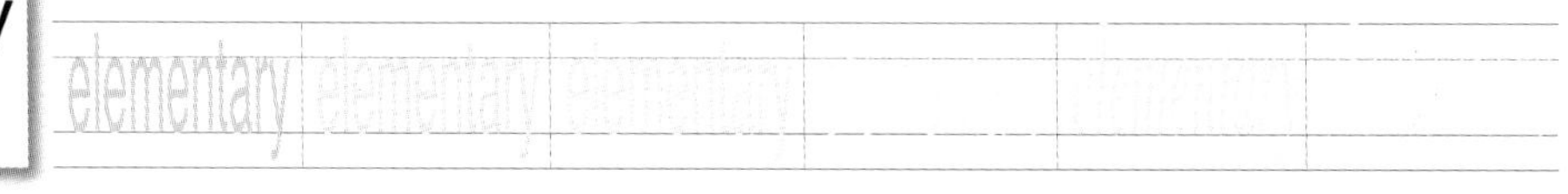

0435

terrific**
[tərífik]
형 굉장한, 아주 멋진

0436

prepare*
[pripéər]
동 준비하다

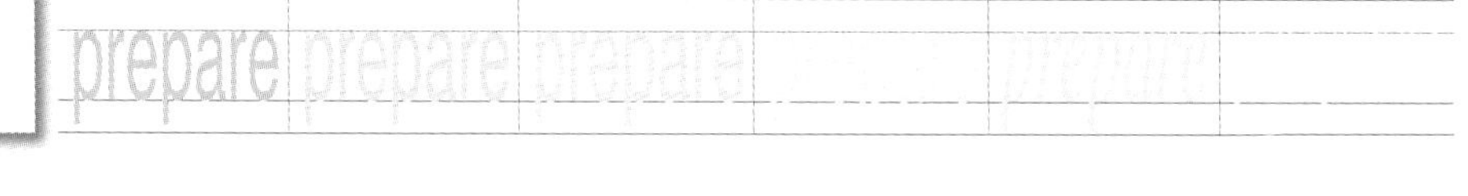

0437
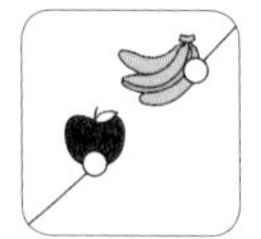
exchange*
[ikstʃéindʒ]
동 교환하다, 환전하다

0438
note
[nóut]
동 적어 두다, 주의하다

0439

stress
[strés]
동 강조하다

0440

above
[əbʌ́v]
부 위에, 위로

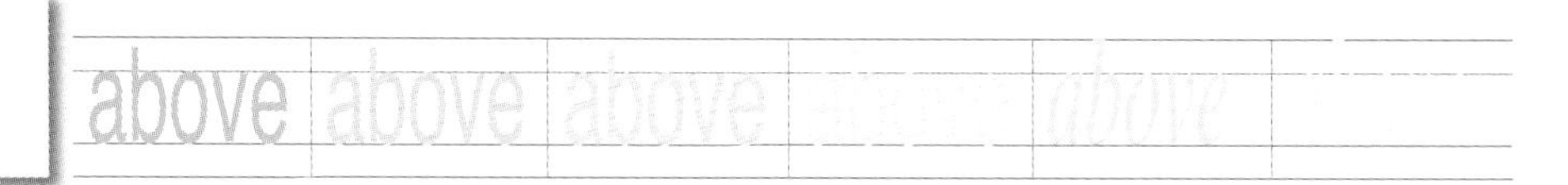

0421-0430

____학년 ____반 이름 ________

년 월 일 | 맞힌 단어수 ◯◯ / 10

단어와 뜻을 듣고 빈칸에 단어를 넣어 문장을 완성하세요. 그런 다음, 듣고 따라 말하면서 문장을 외우세요.

0421 I ate a b__________ of noodles for dinner.
나는 저녁으로 국수 한 그릇을 먹었다.

0422 We will be at the concert h__________ soon.
우리는 곧 콘서트홀에 도착할 것이다.

0423 I pulled the r__________ tight.
나는 밧줄을 단단히 잡아당겼다.

0424 She is very c__________ and does well at school.
그녀는 아주 영리해서 학업을 잘 수행한다.

0425 The typhoon is heading for the s__________ part of Japan.
태풍이 일본의 남부 지방을 향하고 있다.

0426 I'd like to i__________ my English writing ability.
나는 영어 쓰기 실력을 향상시키고 싶다.

0427 Police a__________ed to the people not to panic.
경찰은 사람들에게 당황하지 말 것을 호소했다.

0428 The city is a m__________ for other cities.
그 시는 다른 도시들의 본보기이다.

0429 She s__________s a room with her sister.
그녀는 여동생과 방을 함께 쓴다.

0430 I was u__________ to hear the rumor.
나는 그 소문을 듣고 속상했다.

필수 숙어

127 give up 포기하다
Don't give up! 포기하지 마!

128 go after ~ ~을 목표로 하다
He goes after winning the gold medal. 그는 금메달을 따는 것을 목표로 한다.

129 go beyond oneself 도가 지나치다, 제 분수를 넘다
She went beyond herself. 그녀는 자신의 분수를 넘어섰다.

___학년 ___반 이름 ______

DAY 22 Word Test 0431-0440

년 월 일 | 맞힌 단어수 ◯◯ / 10

단어와 뜻을 듣고 빈칸에 단어를 넣어 문장을 완성하세요. 그런 다음, 듣고 따라 말하면서 문장을 외우세요.

0431 They don't live in the c________ anymore.
그들은 더 이상 그 성에 살지 않는다.

0432 My school moved to its present l________ two years ago.
나의 학교는 2년 전에 현재 위치로 이전했다.

0433 I'm writing a film s________ these days.
나는 요즘 영화 대본을 쓰고 있다.

0434 When I was in e________ school, I didn't have a computer.
내가 초등학교에 다닐 때, 나는 컴퓨터가 없었다.

0435 The action movie was t________.
그 액션 영화는 굉장했다.

0436 They helped me p________ a party.
그들은 내가 파티 준비하는 것을 도와주었다.

0437 Tom and Jane e________d their phone numbers at the party.
Tom과 Jane은 파티에서 전화번호를 교환했다.

0438 The girl wrote a n________ on a piece of paper.
그 소녀는 종이 한 장에 메모를 했다.

0439 He's under a lot of s________ these days.
그는 요즘 많은 스트레스를 받고 있다.

0440 The plane was flying a________ the clouds.
비행기는 구름 위로 날고 있었다.

필수 숙어

130 go by (시간이) 지나다
Time goes by fast. 시간이 빨리 지나간다.

131 go on a trip 여행을 떠나다
My family will go on a trip to Singapore. 우리 가족은 Singapore로 여행을 떠날 것이다.

132 go on -ing 계속하여 ~하다
I will go on swimming. 나는 수영을 계속할 것이다.

DAY 23 0441-0450

____학년 ____반 이름 ________

년 월 일 | 암기 단어수 ◯◯ / 10

단어의 발음과 뜻을 듣고 따라 말하면서 6회 써 보세요.

0441

band
[bǽnd]
명 악단, 밴드, 띠, 끈

0442

fashion
[fǽʃən]
명 방법, 방식, 유행

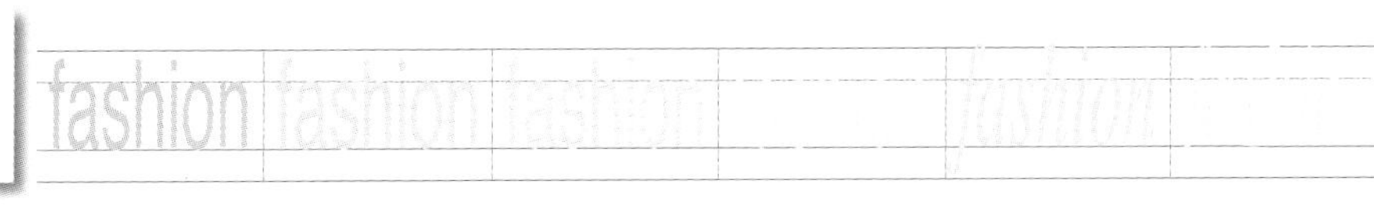

0443

journey
[dʒə́ːrni]
명 여행, 여정

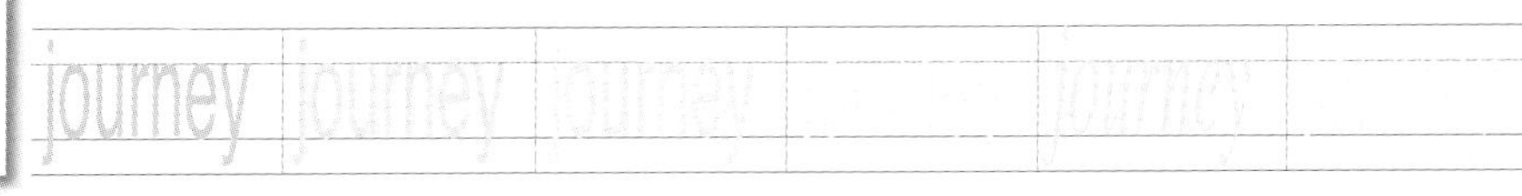

0444

rose
[róuz]
명 장미

0445

string
[stríŋ]
동 묶다, 꿰다

0446

modern*
[mádərn]
형 근대의, 현대의

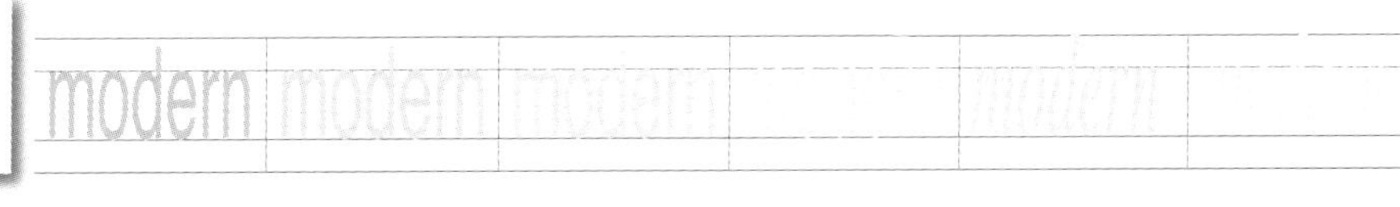

0447

accept*
[əksépt]
동 받아들이다, 수락하다

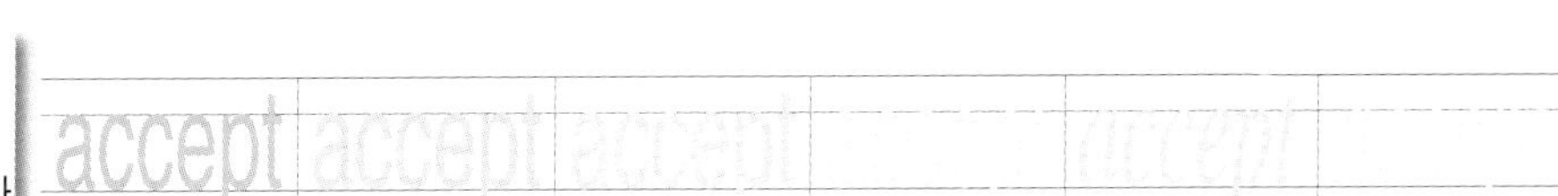

0448

survive*
[sərváiv]
동 살아남다

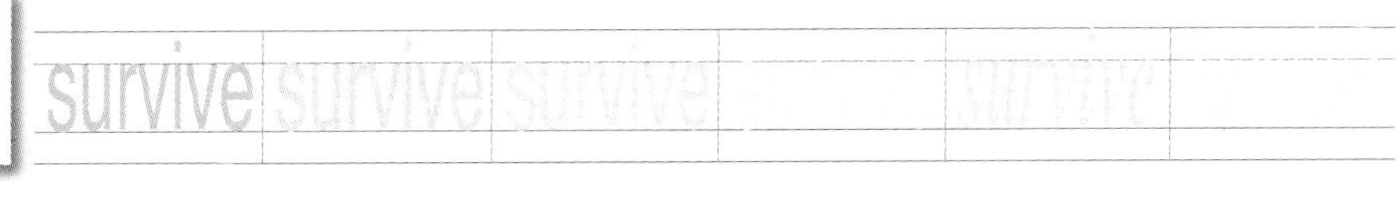

0449

increase*
[inkríːs]
동 늘리다, 증가시키다

0450

question*
[kwéstʃən]
동 질문하다

____학년 ______반 이름 ______________

DAY 23 0451-0460

년 월 일 | 암기 단어수 ◯◯ / 10

단어의 발음과 뜻을 듣고 따라 말하면서 6회 써 보세요.

0451
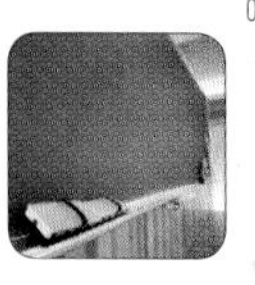
blackboard
[blǽkbɔ̀ːrd]
명 칠판

0452

football
[fútbɔ̀ːl]
명 풋볼, 미식축구

0453

meal
[míːl]
명 식사, 끼니

0454
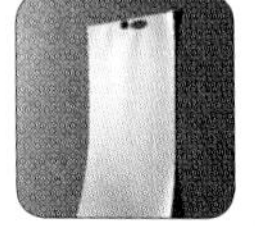
sheet
[ʃíːt]
명 시트, 종이 한 장

0455

text
[tékst]
명 본문, 원문

0456

polar
[póulər]
형 남극의, 북극의

0457

appear*
[əpíər]
동 나타나다, ~인 것 같다

0458

against
[əgénst]
전 ~에 반대하여, 맞서

0459

lock
[lák]
동 잠그다

0460

search
[sə́ːrtʃ]
동 찾다, 수색하다

____학년 ______반 이름 ____________

DAY 23 Word Test 0441-0450

년 월 일 | 맞힌 단어수 ◯◯ / 10

단어와 뜻을 듣고 빈칸에 단어를 넣어 문장을 완성하세요. 그런 다음, 듣고 따라 말하면서 문장을 외우세요.

0441 I want to join a jazz b__________.
나는 재즈 악단에 가입하고 싶다.

0442 The skirt in your mind is out of f__________.
네가 염두에 두고 있는 치마는 유행이 지난 것이다.

0443 I met a French woman on a j__________.
나는 여행 중에 한 France 여성을 만났다.

0444 The red r__________ is said to be a symbol of love and passion.
붉은 장미는 사랑과 정열의 상징이라고 한다.

0445 I replaced the broken s__________ with a new one.
나는 끊어진 줄을 새것으로 교체했다.

0446 The gallery is in a beautiful m__________ building.
그 화랑은 아름다운 현대식 건물 안에 있다.

0447 I'm sorry, but I can't a__________ your suggestion.
유감이지만 너의 제안을 받아들일 수 없다.

0448 My father s__________d a terrible accident.
나의 아버지는 끔찍한 사고에서 살아남으셨다.

0449 I want to i__________ my weight.
나는 체중을 늘리고 싶다.

0450 What is the answer to q__________ number 6?
6번 문제의 답은 무엇인가?

필수 숙어

133 go out 나가다
She doesn't like to go out on weekends. 그녀는 주말에 외출하는 것을 좋아하지 않는다.

134 go places 여기저기 다니다
They love to go places. 그들은 여기저기 다니는 것을 아주 좋아한다.

135 go through ~ ~을 겪다, ~을 경험하다
He has gone through difficulties. 그는 어려움을 겪어 왔다.

____학년 ______반 이름 ______________

DAY 23 Word Test 0451-0460

년 월 일 | 맞힌 단어수 ◯◯ / 10

단어와 뜻을 듣고 빈칸에 단어를 넣어 문장을 완성하세요. 그런 다음, 듣고 따라 말하면서 문장을 외우세요.

0451 She solved the math problem on the b______________.
그녀는 칠판에 적힌 수학 문제를 풀었다.

0452 He dreamed of being a f______________ player.
그는 미식축구 선수가 되는 것을 꿈꿨다.

0453 The family m______________ for four is 60 dollars.
4인용 가족 식사는 60달러이다.

0454 I will give a s______________ of paper to each of you.
나는 너희들 각자에게 종이 한 장을 줄 것이다.

0455 I found many errors in the t______________.
나는 본문에서 많은 오류를 발견했다.

0456 They saw p______________ bears at the zoo.
그들은 동물원에서 북극곰을 봤다.

0457 She a______________s to have lost weight.
그녀는 살이 빠진 것 같다.

0458 I'm still a______________ the plan.
나는 여전히 그 계획에 반대한다.

0459 Don't forget to l______________ the door before you leave.
떠나기 전에 문 잠그는 것을 잊지 마라.

0460 Would you help me s______________ for the information?
내가 정보 찾는 것을 좀 도와주시겠어요?

필수 숙어

136 go to bed 잠자리에 들다
I went to bed early because I was tired. 나는 피곤해서 일찍 잠자리에 들었다.

137 go with ~ ~과 어울리다
The skirt goes with your blouse well. 그 치마는 너의 블라우스와 잘 어울린다.

138 grow up 자라다
When I grow up, I'd like to be a doctor. 내가 자라면, 나는 의사가 되고 싶다.

DAY 24 0461-0470

____학년 ______반 이름 ____________

년 월 일 | 암기 단어수 ◯◯/ 10

단어의 발음과 뜻을 듣고 따라 말하면서 6회 써 보세요.

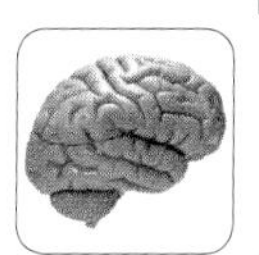

0461
brain
[bréin]
명 뇌, 지능

brain brain brain brain brain

0462
gift*
[gíft]
명 선물, 타고난 재능

gift gift gift gift gift

0463
part
[pá:rt]
동 나누다, 가르다

part part part part part

0464
situation*
[sitʃuéiʃən]
명 상황, 처지, 위치

situation situation situation situation situation

0465
tower
[táuər]
명 탑

tower tower tower tower tower

0466
useful**
[jú:sfəl]
형 쓸모 있는, 유용한

useful useful useful useful useful

0467
climb
[kláim]
동 오르다, 올라가다

climb climb climb climb climb

0468
cause*
[kɔ́:z]
동 ~의 원인이 되다

cause cause cause cause cause

0469
notice*
[nóutis]
동 주의하다, 알아채다

notice notice notice notice notice

0470
while
[hwáil]
명 동안, 잠깐

while while while while while

DAY 24 0471-0480

년 월 일 | 암기 단어수 ◯◯ / 10

단어의 발음과 뜻을 듣고 따라 말하면서 6회 써 보세요.

0471

concert
[kánsəːrt]
명 음악회, 연주회

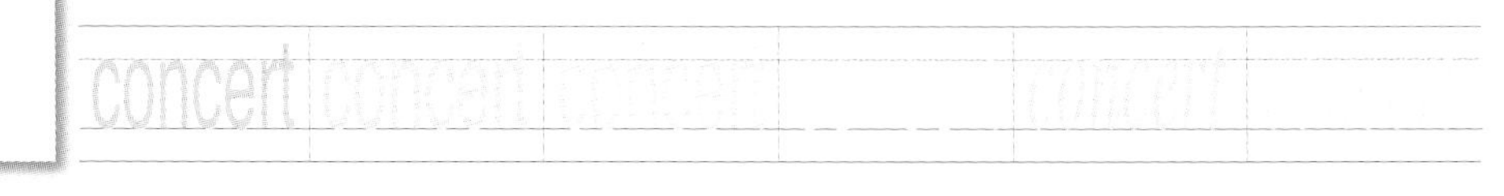

0472

horror
[hɔ́ːrər]
명 공포, 경악

0473
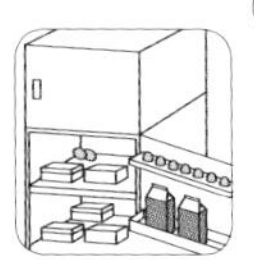
refrigerator
[rifrídʒərèitər]
명 냉장고

0474

space
[spéis]
명 공간, 우주, 장소

0475

dead*
[déd]
형 죽은, 생명이 없는

0476
else
[éls]
부 그 밖에, 달리

0477

excite
[iksáit]
동 흥분시키다

0478
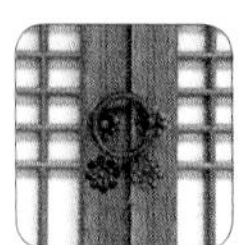
handle
[hǽndl]
명 손잡이

0479

press
[prés]
동 누르다

0480

direct*
[dirékt]
형 직접적인

____학년 ______반 이름 ____________

DAY 24 Word Test 0461-0470

년 월 일 | 맞힌 단어수 ◯◯/ 10

단어와 뜻을 듣고 빈칸에 단어를 넣어 문장을 완성하세요. 그런 다음, 듣고 따라 말하면서 문장을 외우세요.

0461 B____________ cells can't grow back if they're destroyed.
뇌세포는 파괴되면 회복되지 않는다.

0462 Did you decide what to buy for their wedding g____________?
그들의 결혼 선물로 무엇을 살지 결정했니?

0463 The first p____________ of the play is already over.
연극의 첫 부분은 이미 끝났다.

0464 The present s____________ is not good for me.
현재 상황은 나에게 좋지 않다.

0465 Mr. Thompson built that t____________.
Thompson 씨가 저 탑을 지었다.

0466 It's a u____________ book and, what's more, it's cheap.
그건 유용한 책이고 게다가 값이 싸다.

0467 My goal this year is to c____________ Mt. Everest!
올해 내 목표는 Everest 산에 오르는 것이다!

0468 We are investigating what c____________d his death.
우리는 무엇이 그의 죽음을 일으켰는지 조사하고 있다.

0469 I waved but they took no n____________.
내가 손을 흔들었지만 그들은 거들떠보지 않았다.

0470 Did you call me w____________ I was out for a walk?
내가 산책하러 나간 사이에 내게 전화했니?

필수 숙어

139 had better ~ ~하는 것이 좋을 것이다
You had better see a doctor. 너는 의사의 진찰을 받는 것이 좋을 것이다.

140 hang out ~ ~에 매달리다
Don't hang out on the tree. 그 나무에 매달리지 마라.

141 hang out with ~ ~와 어울리다
I like to hang out with my friends. 나는 나의 친구들과 어울리는 것을 좋아한다.

___학년 ___반 이름 ______

DAY 24 Word Test 0471-0480

년 월 일 | 맞힌 단어수 ◯◯ / 10

단어와 뜻을 듣고 빈칸에 단어를 넣어 문장을 완성하세요. 그런 다음, 듣고 따라 말하면서 문장을 외우세요.

0471 There are some tickets left for the c________.
그 음악회 티켓이 몇 장 남아 있다.

0472 I don't like h________ movies at all.
나는 공포 영화를 전혀 좋아하지 않는다.

0473 I forgot to put the milk back in the r________.
나는 우유를 냉장고에 도로 넣어 두는 것을 깜박했다.

0474 This huge desk takes up too much s________.
이 거대한 책상은 너무 많은 공간을 차지한다.

0475 He was found d________ in his apartment.
그는 그의 아파트에서 죽은 채로 발견되었다.

0476 I came here to talk about something e________.
나는 다른 것에 관해 이야기하려고 여기 왔다.

0477 The musical e________d all the audience.
그 뮤지컬은 모든 관객을 흥분시켰다.

0478 I pulled the h________ and opened the door.
나는 손잡이를 당겨서 문을 열었다.

0479 For more information about the concert, p________ one.
음악회에 관해 더 많은 정보를 원하시면 1번을 누르세요.

0480 I'm not in d________ contact with them.
나는 그들과 직접 접촉한 것은 아니다.

필수 숙어

142 happen to ~ 우연히 ~하다
She happened to meet her friend in the park. 그녀는 공원에서 우연히 그녀의 친구를 만났다.

143 have a flat tire 바퀴에 펑크가 나다
I got a car accident because I had a flat tire. 바퀴가 펑크가 나서 나는 자동차 사고가 났다.

144 have fun 즐기다, 재미있게 놀다
We had fun at his birthday party. 우리는 그의 생일 파티에서 재미있게 놀았다.

단어의 발음과 뜻을 듣고 따라 말하면서 6회 써 보세요.

0481

accident*
[æksədənt]
명 사고, 우연

0482

cave
[kéiv]
명 동굴, 굴

0483

enemy
[énəmi]
명 적, 적군

0484

novel
[návəl]
명 소설

0485

shelf
[ʃélf]
명 선반

0486

tradition*
[trədíʃən]
명 전통

0487

regular**
[régjulər]
형 정기적인, 규칙적인

0488

therefore
[ðɛ̀ərfɔ̀:r]
부 그러므로, 따라서

0489

alarm*
[əlá:rm]
동 놀라게 하다

0490

host
[hóust]
동 주최하다, 열다

DAY 25 0491-0500

년 월 일 | 암기 단어수 ◯◯ / 10

단어의 발음과 뜻을 듣고 따라 말하면서 6회 써 보세요.

0491

area*
[ɛ́əriə]
명 지역, 구역, 부분

0492

cloth
[klɔ́:θ]
명 천, 옷감, 헝겊

0493
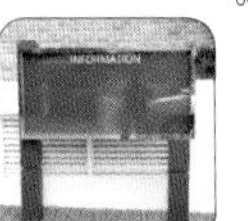
information*
[ìnfərméiʃən]
명 정보, 지식

0494

partner
[pá:rtnər]
명 동반자, 동업자

0495

skill
[skíl]
명 솜씨, 숙련, 기술

0496

deaf*
[déf]
형 귀가 먹은

0497

special**
[spéʃəl]
형 특별한, 특수한

0498
hang
[hǽŋ]
동 걸다, 매달다

0499

bark
[bá:rk]
동 개가 짖다

0500

female
[fí:meil]
명 여성, 암컷

0481-0490

____학년 ______반 이름 ______________

년 월 일 | 맞힌 단어수 ◯◯ / 10

단어와 뜻을 듣고 빈칸에 단어를 넣어 문장을 완성하세요. 그런 다음, 듣고 따라 말하면서 문장을 외우세요.

0481 He was injured in a traffic a__________.
그는 교통사고로 부상을 입었다.

0482 Three people were found dead in the c__________.
세 사람이 동굴에서 죽은 채로 발견되었다.

0483 It was not easy for her to forgive the e__________.
그녀가 적을 용서하는 것은 쉽지 않았다.

0484 His latest n__________ is selling very well.
그의 최근 소설은 아주 잘 팔리고 있다.

0485 Put the cups back on the s__________.
컵들을 선반에 다시 올려놓아라.

0486 They didn't want to break the family t__________.
그들은 집안 전통을 깨고 싶지 않았다.

0487 Having a r__________ diet is important.
규칙적인 식사를 하는 것은 중요하다.

0488 She's only sixteen, t__________ she can't vote.
그녀는 열여섯 살밖에 되지 않았다. 그러므로 투표를 할 수 없다.

0489 I didn't mean to a__________ you.
너를 놀라게 할 마음은 없었다.

0490 The h__________ of the party greeted us at the door.
파티의 주최자는 문 앞에서 우리를 맞이했다.

필수 숙어

145 have to ~ ~해야 하다 (= must ~)
I have to do my homework before I watch TV. 나는 TV를 보기 전에 숙제를 해야 한다.

146 have trouble -ing ~하는 데 어려움이 있다
She has trouble sleeping at night. 그녀는 밤에 잠을 자는 데 어려움이 있다.

147 hold back 자제하다, 억제하다
He couldn't hold back his anger anymore. 그는 더 이상 화를 자제할 수 없었다.

____학년 ______반 이름 ______________

DAY 25 Word Test 0491-0500

년 월 일 | 맞힌 단어수 ◯◯ / 10

단어와 뜻을 듣고 빈칸에 단어를 넣어 문장을 완성하세요. 그런 다음, 듣고 따라 말하면서 문장을 외우세요.

0491 You are not allowed to take pictures in this a__________.
이 지역에서는 사진을 찍는 것이 허용되지 않는다.

0492 This c__________ is made in Italy.
이 옷감은 Italy에서 만들어졌다.

0493 Do you have any i__________ about the problem?
그 문제에 관한 정보를 갖고 있니?

0494 Bob took his sister because he didn't have a p__________.
Bob은 파트너가 없어서 그의 여동생을 데려갔다.

0495 We need to develop our communication s__________s.
우리는 의사소통 기술을 발전시킬 필요가 있다.

0496 My friend James is d__________ in one ear.
내 친구 James는 한쪽 귀가 들리지 않는다.

0497 Do you have any s__________ plans for the summer vacation?
여름휴가 때 특별한 계획이 있니?

0498 The picture h__________ing on the wall was painted by me.
벽에 걸려 있는 그림은 내가 그린 것이다.

0499 The little girl burst into tears when the dog b__________ed.
그 어린 소녀는 개가 짖자 울음을 터뜨렸다.

0500 This new product is popular among f__________ students.
이 신제품은 여학생들 사이에서 인기 있다.

필수 숙어

148 hold onto ~ ~을 붙잡고 있다
She is holding onto a rope. 그녀는 밧줄을 붙잡고 있다.

149 hold up 위로 치켜들다
He held up the national flag. 그는 국기를 위로 치켜들었다.

150 how come 왜, 어째서 (= why)
How come she is so quiet? 그녀가 왜 그렇게 조용하지?

DAY 26 0501-0510

___학년 ___반 이름 ______

년 월 일 | 암기 단어수 ◯◯ / 10

단어의 발음과 뜻을 듣고 따라 말하면서 6회 써 보세요.

0501
blank
[blǽŋk]
명 빈칸, 여백

0502

condition
[kəndíʃən]
명 상태, 상황, 조건

0503

medal
[médl]
명 메달, 훈장

0504
price*
[práis]
명 값, 가격, 물가

0505

style
[stáil]
명 방식, 스타일, 양식

0506
global*
[glóubəl]
형 세계적인, 지구의

0507

usual**
[júːʒuəl]
형 보통의, 평상시의

0508
kill
[kíl]
동 죽이다, 망치다

0509
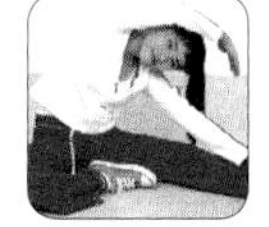
exercise*
[éksərsàiz]
동 운동하다

0510

secret**
[síːkrit]
명 비밀, 비결, 신비

학년 반 이름

DAY 26 0511-0520

년 월 일 | 암기 단어수 / 10

단어의 발음과 뜻을 듣고 따라 말하면서 6회 써 보세요.

0511

brand
[brǽnd]
명 상표, 브랜드, 낙인

0512

direction
[dirékʃən]
명 방향, 지시

0513

moment
[móumənt]
명 잠깐, 순간, 때

0514

row
[róu]
명 열, 줄

0515

symbol*
[símbəl]
명 상징, 기호

0516

lonely
[lóunli]
형 외로운, 쓸쓸한

0517

quite
[kwáit]
부 꽤, 지극히, 아주

0518

pollute*
[pəlúːt]
동 오염시키다

0519

force *
[fɔ́ːrs]
동 강요하다

0520

whole**
[hóul]
명 전체, 전부

____학년 ______반 이름 ____________

DAY 26 Word Test 0501-0510

년 월 일 | 맞힌 단어수 ◯◯ / 10

단어와 뜻을 듣고 빈칸에 단어를 넣어 문장을 완성하세요. 그런 다음, 듣고 따라 말하면서 문장을 외우세요.

0501 Let's fill in the b____________s on the application form together.
신청서의 빈칸을 함께 채우자.

0502 My grandfather is in a serious c____________.
나의 할아버지는 위독한 상태이시다.

0503 He won three gold m____________s in the Olympics.
그는 올림픽에서 세 개의 금메달을 땄다.

0504 The p____________ of this product rose sharply.
이 제품의 가격이 급격히 올랐다.

0505 The Internet has changed people's life s____________s.
인터넷이 사람들의 생활 양식을 바꾸었다.

0506 As you know, English is the g____________ language.
너도 알다시피, 영어는 세계어이다.

0507 I made the tomato sauce in the u____________ way.
나는 평소 방식대로 토마토소스를 만들었다.

0508 He used to k____________ bugs for fun.
그는 재미로 벌레를 죽이곤 했다.

0509 I e____________ two hours every day to keep healthy.
나는 건강을 지키기 위해 매일 두 시간씩 운동한다.

0510 Can you keep it a s____________?
너는 그것을 비밀로 해 줄 수 있니?

필수 숙어

151 hundreds of ~ 수백의 ~, 많은 ~
Hundreds of people are cheering the soccer team. 수백 명의 사람들이 그 축구팀을 응원하고 있다.

152 in a hurry 서둘러, 급히
He was going to the bus stop in a hurry. 그는 버스 정류장으로 서둘러 가고 있었다.

153 in a second 순식간에
She finished her homework in a second. 그녀는 숙제를 순식간에 끝냈다.

____학년 ______반 이름 ______________

DAY 26 Word Test 0511-0520

년 월 일 | 맞힌 단어수 ◯◯ / 10

단어와 뜻을 듣고 빈칸에 단어를 넣어 문장을 완성하세요. 그런 다음, 듣고 따라 말하면서 문장을 외우세요.

0511 I don't have any special b______________ in mind.
나는 특별한 상표를 염두에 두고 있지 않다.

0512 The driver had a good sense of d______________.
그 운전사는 방향 감각이 좋았다.

0513 It was one of the most exciting m______________s in her life.
그것은 그녀의 인생에서 가장 신나는 순간 중 하나였다.

0514 I like sitting in the front r______________ of Mr. Lee's class.
나는 이 선생님 강의 시간에는 앞줄에 앉는 것을 좋아한다.

0515 People believe the four-leaf clover is a s______________ of good luck.
사람들은 네 잎 클로버가 행운의 상징이라고 믿는다.

0516 Without his pets, he would be l______________.
애완동물이 없다면 그는 외로울 것이다.

0517 The food in the cafeteria is q______________ good.
구내식당의 음식은 아주 맛있다.

0518 The chemicals from air conditioners p______________ the air.
에어컨에서 나오는 화학 물질은 공기를 오염시킨다.

0519 Don't try to solve this problem by f______________.
이 문제를 힘으로 해결하려고 하지 마라.

0520 We ate the w______________ cake in about five minutes.
우리는 약 5분 만에 케이크를 전부 먹어 치웠다.

필수 숙어

154 in addition 게다가
I have my homework to do. In addition, I have to study for the test. 나는 해야 할 숙제가 있다. 게다가, 시험공부도 해야 한다.

155 in addition to ~ ~에 더하여, ~ 외에도
He is good at singing in addition to dancing. 그는 춤추기 이외에 노래 부르기도 잘 한다.

156 in case 만일을 대비하여
I'll bring some money just in case. 만일을 대비하여 나는 돈을 좀 가져갈 것이다.

DAY 27 0521-0530

____학년 ______반 이름 ____________

년 월 일 | 암기 단어수 ◯◯ / 10

단어의 발음과 뜻을 듣고 따라 말하면서 6회 써 보세요.

0521

article
[ɑ́ːrtikl]
명 기사, 물품, 조항

0522

festival*
[féstəvəl]
명 축제, 잔치

0523

monster
[mɑ́nstər]
명 괴물

0524
skin
[skín]
명 피부, 가죽

0525

alive*
[əláiv]
형 살아 있는

0526
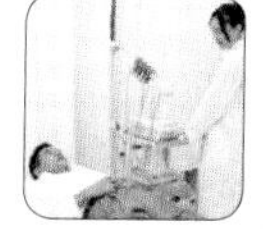
medical
[médikəl]
형 의학의

0527

achieve**
[ətʃíːv]
동 이루다, 성취하다

0528
happen*
[hǽpən]
동 일어나다, 발생하다

0529

print
[prínt]
동 인쇄하다

0530

speed
[spíːd]
명 속도, 빠름

DAY 27 0531-0540

년 월 일 | 암기 단어수 ◯◯ / 10

단어의 발음과 뜻을 듣고 따라 말하면서 6회 써 보세요.

0531

base
[béis]
명 토대, 기초, 바탕

0532

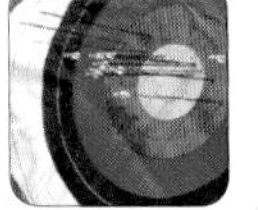

goal
[góul]
명 목적, 목표, 골

0533

passage
[pǽsidʒ]
명 통행, 통로, 구절

0534

system
[sístəm]
명 제도, 체계, 방식

0535

brave*
[bréiv]
형 용감한

0536

thick*
[θík]
형 두꺼운, 굵은

0537

blend
[blénd]
동 섞다, 혼합하다

0538

relate**
[riléit]
동 관련시키다

0539

race*
[réis]
동 경주하다

0540

lot
[lát]
명 많음, 다량, 다수

0521-0530

____학년 ______반 이름 ______________

년 월 일 | 맞힌 단어수 ◯◯/ 10

단어와 뜻을 듣고 빈칸에 단어를 넣어 문장을 완성하세요. 그런 다음, 듣고 따라 말하면서 문장을 외우세요.

0521 He wrote an a______________ on environmental issues.
그는 환경 문제에 관한 기사를 썼다.

0522 I'm going to the tulip f______________ tomorrow.
나는 내일 튤립 축제에 갈 것이다.

0523 He is a m______________.
그는 괴물이다.

0524 John is an ugly man with bad s______________ and yellow teeth.
John은 거친 피부와 누런 치아를 가진 추남이다.

0525 You are lucky to be a______________!
네가 살아 있다니 운이 좋구나!

0526 25 million mice are used in m______________ research each year.
해마다 2천 5백만 마리의 생쥐가 의학 연구에 이용된다.

0527 He a______________d a high score on the math test.
그는 수학 시험에서 높은 성적을 거두었다.

0528 The accident h______________ed because of careless driving.
그 사고는 부주의한 운전 때문에 일어났다.

0529 I need to check the document before I p______________ it.
나는 그 문서를 인쇄하기 전에 그것을 확인해야 한다.

0530 The truck was traveling at high s______________.
그 트럭은 빠른 속도로 달리고 있었다.

필수 숙어

157 in danger 위험에 처한
The wild animals are in danger. 그 야생 동물들은 위험에 처해 있다.

158 in fact 사실은
In fact, it's not true. 사실은, 그것은 진실이 아니다.

159 in front of ~ ~ 앞에서
Let's meet in front of the subway station. 지하철역 앞에서 만나자.

DAY 27 Word Test 0531-0540

년 월 일 | 맞힌 단어수 ◯◯ / 10

단어와 뜻을 듣고 빈칸에 단어를 넣어 문장을 완성하세요. 그런 다음, 듣고 따라 말하면서 문장을 외우세요.

0531 She used her own story as a b____________ for her novel.
그녀는 자기의 이야기를 소설의 토대로 삼았다.

0532 His g____________ is to pass the graduation exam.
그의 목표는 졸업 시험을 통과하는 것이다.

0533 I walked down a narrow p____________ to the back of the building.
나는 건물 뒤쪽으로 향하는 좁은 통로를 걸어 내려왔다.

0534 The new s____________ would not be good for our business.
새로운 제도는 우리 사업에 유익하지 않을 것이다.

0535 He is a very b____________ boy.
그는 매우 용감한 소년이다.

0536 The girl was wearing t____________ glasses.
그 소녀는 두꺼운 안경을 쓰고 있었다.

0537 After that, b____________ the sugar, eggs, and flour.
그 다음에 설탕, 계란, 밀가루를 섞어라.

0538 I found it difficult to r____________ the two ideas.
나는 그 두 가지 생각을 관련시키는 것이 어렵다는 것을 알았다.

0539 He is the fastest runner in the r____________.
그는 경주에서 가장 빠른 주자이다.

0540 I have a l____________ to do today.
나는 오늘 할 일이 많다.

필수 숙어

160 in harmony 조화롭게
We live in harmony with each other. 우리는 서로 조화롭게 살고 있다.

161 in need 어려움에 처한
A friend in need is a friend indeed. 어려움에 처했을 때 친구가 진짜 친구다.

162 in order to ~ ~하기 위하여
I'll go to the beach in order to take a rest. 나는 휴식을 취하기 위해 해변에 갈 것이다.

DAY 28 0541-0550

____학년 ______반 이름 ____________

년 월 일 | 암기 단어수 ◯◯ / 10

단어의 발음과 뜻을 듣고 따라 말하면서 6회 써 보세요.

0541

death [déθ] 명 죽음

death death death death death

0542

insect [ínsekt] 명 곤충

insect insect insect insect insect

0543

pond [pánd] 명 못, 연못

pond pond pond pond pond

0544

trash [træʃ] 명 쓰레기

trash trash trash trash trash

0545

disabled [diséibld] 형 장애를 가진

disabled disabled disabled disabled disabled

0546

however* [hauévər] 부 그렇지만, 그러나

however however however however however

0547

celebrate* [séləbrèit] 동 축하하다, 기념하다

celebrate celebrate celebrate celebrate celebrate

0548

coat [kóut] 명 코트, 외투

coat coat coat coat coat

0549
rule* [rú:l] 동 지배하다, 통치하다

rule rule rule rule rule

0550
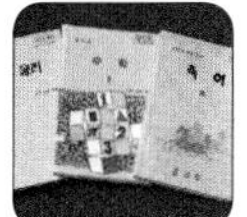
subject** [sʌ́bdʒikt] 명 주제, 학과, 과목

subject subject subject subject subject

학년 반 이름

DAY 28 0551-0560

년 월 일 | 암기 단어수 / 10

단어의 발음과 뜻을 듣고 따라 말하면서 6회 써 보세요.

0551
energy
[énərdʒi]
명 활기, 에너지

0552
lamp
[lǽmp]
명 램프, 등불

0553
shell
[ʃél]
명 껍데기, 껍질

0554
vegetable
[védʒətəbl]
명 채소, 야채

0555
foreign*
[fɔ́:rən]
형 외국의

0556
o'clock
[əklák]
부 ~ 시

0557
exhibit**
[igzíbit]
동 전시하다, 진열하다

0558
contest*
[kántest]
명 대회, 경쟁

0559
seed
[sí:d]
명 씨, 씨앗

0560
wild*
[wáild]
형 야생의

0541-0550

____학년 ______반 이름 ______________

년 월 일 | 맞힌 단어수 ◯◯ / 10

단어와 뜻을 듣고 빈칸에 단어를 넣어 문장을 완성하세요. 그런 다음, 듣고 따라 말하면서 문장을 외우세요.

0541 They did not report the cause of d______________.
그들은 사망의 원인을 보도하지 않았다.

0542 An i______________ has six legs.
곤충은 6개의 다리를 가지고 있다.

0543 Suddenly a frog came out of the p______________.
갑자기 개구리 한 마리가 연못에서 나왔다.

0544 Making less t______________ is important.
쓰레기를 덜 만드는 게 중요하다.

0545 She was d______________ in a car accident.
그녀는 자동차 사고로 장애를 갖게 되었다.

0546 He didn't get better. H______________, we didn't give up.
그는 나아지지 않았다. 하지만 우리는 포기하지 않았다.

0547 We're going out to c______________ Jake's fifteenth birthday.
우리는 Jake의 열다섯 번째 생일을 축하하기 위해 외출할 것이다.

0548 Put on your c______________. It's cold outside.
코트를 입어라. 바깥은 춥다.

0549 The r______________s of the game are not that simple.
그 게임의 규칙은 그렇게 단순하지 않다.

0550 Her favorite s______________ is science.
그녀가 가장 좋아하는 과목은 과학이다.

필수 숙어

163 in other words 다시 말해서, 즉
In other words, we must finish it today. 다시 말해서, 우리는 그것을 오늘 끝내야만 한다.

164 in place of ~ ~를 대신하여
My father will go on a business trip in place of his boss. 아빠는 사장님을 대신하여 출장을 가실 것이다.

165 in relation to ~ ~과 관련하여
I will ask my teacher some questions in relation to the test. 나는 시험과 관련하여 선생님께 질문을 할 것이다.

____학년 ______반 이름 ____________

0551-0560

년 월 일 | 맞힌 단어수 ◯◯ / 10

단어와 뜻을 듣고 빈칸에 단어를 넣어 문장을 완성하세요. 그런 다음, 듣고 따라 말하면서 문장을 외우세요.

0551 I don't know where she gets her e____________.
나는 그녀가 어디서 에너지를 얻는지 모르겠다.

0552 I saw a l____________ hanging over the table.
나는 탁자 위에 걸려 있는 램프를 보았다.

0553 I collected s____________s at the beach.
나는 해변에서 조개껍질을 모았다.

0554 You can find vitamin A in green v____________s.
녹색 채소에서 비타민 A를 얻을 수 있다.

0555 I've never met any f____________ students.
나는 외국 학생들을 만나 본 적이 없다.

0556 The meeting is at eleven o____________.
회의는 11시에 있다.

0557 Her paintings have been e____________ed in the gallery.
그녀의 그림이 화랑에 전시되었다.

0558 I'm going to enter the speech c____________.
나는 웅변대회에 출전할 것이다.

0559 The s____________ grew into an apple tree.
그 씨앗은 사과나무로 성장했다.

0560 I want to make a documentary about w____________ animals in Africa.
나는 아프리카의 야생 동물에 관한 다큐멘터리를 제작하고 싶다.

필수 숙어

166 instead of ~ ~ 대신에
I will go to the sea instead of the mountain on the summer vacation. 나는 여름방학에 산 대신에 바다에 갈 것이다.

167 in that case 그런 경우에는
In that case, I will go first. 그런 경우에는, 내가 먼저 갈게.

168 in the air 공중에
He threw the ball in the air. 그는 공중에 공을 던졌다.

DAY 29 0561-0570

___학년 ___반 이름 ___

년 월 일 | 암기 단어수 ◯◯/ 10

단어의 발음과 뜻을 듣고 따라 말하면서 6회 써 보세요.

0561 **battery**
[bǽtəri]
명 배터리, 전지

0562 **exhibition**
[èksəbíʃən]
명 전시, 전시회

0563 **luck***
[lʌ́k]
명 운, 행운

0564 **pool**
[pú:l]
명 웅덩이, 수영장

0565 **slice**
[sláis]
명 얇게 썬 조각

0566 **wildlife**
[wáildlàif]
명 야생 생물

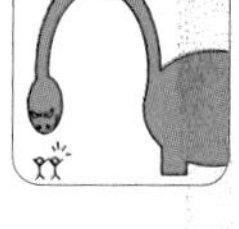

0567 **huge***
[hjú:dʒ]
형 거대한, 막대한

0568 **breathe***
[brí:ð]
동 호흡하다, 숨을 쉬다

0569 **succeed****
[səksí:d]
동 성공하다

0570 **treat**
[trí:t]
동 취급하다, 대접하다

____학년 ______반 이름 ____________

DAY 29 0571-0580

년 월 일 | 암기 단어수 ◯◯ / 10

단어의 발음과 뜻을 듣고 따라 말하면서 6회 써 보세요.

0571

cell
[sél]
명 세포, 전지

0572

fever*
[fíːvər]
명 열, 열병, 흥분

0573

medicine
[médəsin]
명 약, 의학

0574
prize
[práiz]
명 상, 상품

0575

task
[tǽsk]
명 일, 과업, 과제

0576

asleep
[əslíːp]
형 잠든

0577

safe**
[séif]
명 금고 형 안전한

0578

decide*
[disáid]
동 결정하다, 결심하다

0579
harm*
[háːrm]
동 해를 끼치다

0580

patient**
[péiʃənt]
형 참을성 있는

0561-0570

___학년 ___반 이름 ___

년 월 일 | 맞힌 단어수 ◯◯ / 10

단어와 뜻을 듣고 빈칸에 단어를 넣어 문장을 완성하세요. 그런 다음, 듣고 따라 말하면서 문장을 외우세요.

0561 You should recharge the b__________.
너는 전지를 충전해야 한다.

0562 This e__________ runs for two months.
이 전시회는 두 달 동안 열린다.

0563 We had the l__________ to find a good house.
우리는 좋은 집을 찾는 행운이 있었다.

0564 My house has a large p__________ in the backyard.
나의 집은 뒷마당에 큰 수영장이 있다.

0565 I only had a s__________ of pizza for dinner.
나는 저녁으로 피자 한 조각만 먹었다.

0566 He is writing a book on w__________.
그는 야생 생물에 관한 책을 쓰고 있다.

0567 A h__________ bird appeared in the sky.
거대한 새 한 마리가 하늘에 나타났다.

0568 It is difficult to b__________ in the room filled with smoke.
연기로 가득 찬 방에서 숨을 쉬는 것은 어렵다.

0569 She s__________ed in losing weight.
그녀는 체중을 줄이는 데 성공했다.

0570 He t__________s me like a child.
그는 나를 아이처럼 취급한다.

필수 숙어

169 in the case of ~ ~의 경우에는
In the case of English, I have studied it since I was 7 years old. 영어의 경우에는, 나는 7살 때부터 그것을 공부해 왔다.

170 keep A from -ing A가 ~하는 것을 막다
My mother kept me from playing computer games. 어머니는 내가 컴퓨터 게임을 하는 것을 막으셨다.

171 keep an eye on ~ ~을 주의 깊게 지켜보다
My teacher always keeps an eye on us. 나의 선생님은 항상 우리를 주의 깊게 지켜보신다.

DAY 29 Word Test 0571-0580

년 월 일 | 맞힌 단어수 ◯◯ / 10

단어와 뜻을 듣고 빈칸에 단어를 넣어 문장을 완성하세요. 그런 다음, 듣고 따라 말하면서 문장을 외우세요.

0571 The human body is made up of a lot of c______________s.
인체는 수많은 세포들로 구성되어 있다.

0572 Andy suffered from a high f______________ last night.
Andy는 어젯밤에 고열에 시달렸다.

0573 Be sure to take this m______________ three times a day.
이 약을 하루에 세 번씩 꼭 먹어라.

0574 The first p______________ has gone to Dr. Jones.
일등상은 Jones 박사에게 돌아갔다.

0575 The t______________ was beyond his ability.
그 일은 그의 능력 밖이었다.

0576 Please be quiet. The baby is a______________.
조용히 해 주세요. 아기가 잠들었어요.

0577 It is not s______________ to swim in this river.
이 강에서 수영하는 것은 안전하지 않다.

0578 I d______________d to go to Australia this summer.
나는 이번 여름에 호주에 가기로 결정했다.

0579 Too much drinking will do h______________ to your health.
과음은 네 건강에 해를 끼칠 것이다.

0580 You'll have to be p______________ and wait.
너는 인내심을 갖고 기다려야 할 것이다.

필수 숙어

172 keep -ing 계속 ~하다
Keep exercising for your health. 너의 건강을 위해서 계속 운동을 해라.

173 keep in mind 기억하다, 명심하다
Please keep in mind my advice. 나의 충고를 명심하세요.

174 keep one's fingers crossed 행운을 빌다
I will keep my fingers crossed for you. 너에게 행운을 빌게.

30 0581-0590

단어의 발음과 뜻을 듣고 따라 말하면서 6회 써 보세요.

0581

coin [kɔ́in]
명 동전, 주화

0582

forest [fɔ́:rist]
명 숲, 삼림

0583

mood [mú:d]
명 기분, 분위기

0584

rainforest [réinfɔ̀:rist]
명 열대 우림

0585
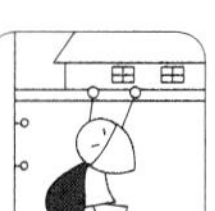
thief [θí:f]
명 도둑

0586

blind* [bláind]
형 눈이 먼, 맹인인

0587

instead* [instéd]
부 대신에

0588

disagree* [dìsəgrí:]
동 의견이 다르다

0589

shine [ʃáin]
동 빛나다, 비추다

0590

across [əkrɔ́:s]
부 건너서, 가로질러

단어의 발음과 뜻을 듣고 따라 말하면서 6회 써 보세요.

0591

conversation
[kɑ̀nvərséiʃən]
명 대화

0592
language
[lǽŋgwidʒ]
명 말, 언어

0593

object*
[ɑ́bdʒikt] 명 물체
[əbdʒékt] 동 반대하다

0594

relationship*
[riléiʃənʃìp]
명 관계, 관련

0595

vet
[vét]
명 수의사

0596

golden
[góuldən]
형 황금빛의

0597

allow**
[əláu]
동 허락하다

0598

seem*
[síːm]
동 ~인 것 같다

0599

spell
[spél]
동 철자를 말하다

0600

enough**
[inʌ́f]
형 충분한

학년 반 이름

DAY 30 Word Test 0581-0590

년 월 일 | 맞힌 단어수 / 10

단어와 뜻을 듣고 빈칸에 단어를 넣어 문장을 완성하세요. 그런 다음, 듣고 따라 말하면서 문장을 외우세요.

0581 I put c__________s into the vending machine for a juice.
나는 주스를 뽑으려고 자동판매기에 동전을 넣었다.

0582 We got lost in the f__________.
우리는 숲 속에서 길을 잃었다.

0583 My father's in a good m__________ this morning.
나의 아버지는 오늘 아침에 기분이 좋으시다.

0584 We should find ways to protect the r__________s.
우리는 열대 우림을 보호할 방법을 찾아야 한다.

0585 The brave man chased the t__________ and caught him.
그 용감한 남자는 도둑을 쫓아가서 잡았다.

0586 Helen Keller was not born b__________.
Helen Keller는 눈이 먼 채로 태어나지 않았다.

0587 If Hillary can't attend the meeting, I could go i__________.
Hillary가 회의에 참석할 수 없다면, 내가 대신 갈 수 있다.

0588 I should buy a new cellphone, but my mom d__________s.
나는 새 휴대 전화를 사야 하는데, 어머니가 동의하지 않으신다.

0589 Make the hay while the sun s__________s.
태양이 비추는 동안에 건초를 만들어라.

0590 She saw the boy running a__________ the street.
그녀는 그 소년이 길을 가로질러 뛰어가는 것을 보았다.

필수 숙어

175 keep on -ing 계속해서 ~하다
We kept on walking along the river. 우리는 계속해서 강을 따라 걸었다.

176 keep track of ~ ~을 놓치지 않다, ~의 소식을 알고 있다
I kept track of the information about the report. 나는 그 보고서에 대한 정보를 놓치지 않았다.

177 knock down 넘어뜨리다
The little boy knocked down the tall man. 작은 소년이 그 큰 남자를 넘어뜨렸다.

0591-0600

년 월 일 | 맞힌 단어수 ◯◯/ 10

단어와 뜻을 듣고 빈칸에 단어를 넣어 문장을 완성하세요. 그런 다음, 듣고 따라 말하면서 문장을 외우세요.

0591 I had a short c____________ with the writer of the book.
나는 그 책의 저자와 짧은 대화를 나누었다.

0592 English is the global l____________.
영어는 세계어이다.

0593 What is the small metal o____________ you hold in your hand?
네 손에 쥐고 있는 작은 금속 물체는 뭐니?

0594 I have quite a good r____________ with my teacher.
나는 선생님과 아주 좋은 관계를 맺고 있다.

0595 I took my cat to the v____________.
나는 고양이를 수의사에게 데려갔다.

0596 The girl has beautiful g____________ hair.
그 소녀는 아름다운 황금빛 머리카락을 갖고 있다.

0597 My parents wouldn't a____________ me to go shopping.
나의 부모님은 내가 쇼핑하러 가는 것을 허락하지 않으실 것이다.

0598 The man s____________s really nervous.
그 남자는 정말 긴장돼 보인다.

0599 Can you s____________ your mother's name?
너는 어머니의 이름 철자를 쓸 수 있니?

0600 He is not strong e____________ to move the table.
그는 탁자를 옮길 만큼 충분히 힘세지 않다.

필수 숙어

178 lie ahead of ~ ~ 앞에 펼쳐지다, ~ 앞에 놓여 있다
We will overcome the difficulties that lie ahead of us. 우리는 우리 앞에 놓여 있는 어려움들을 극복할 것이다.

179 lie on one's back 등을 바닥에 대고 누워 있다
When I went to his house, he was lying on his back. 내가 그의 집에 갔을 때, 그는 등을 바닥에 대고 누워 있었다.

180 look after ~ ~를 돌보다
He often looks after his little sister. 그는 자주 그의 여동생을 돌본다.

DAY 31 0601-0610

____학년 ____반 이름 ________

년 월 일 | 암기 단어수  / 10

단어의 발음과 뜻을 듣고 따라 말하면서 6회 써 보세요.

0601

astronaut
[ǽstrənɔ̀:t]
명 우주 비행사

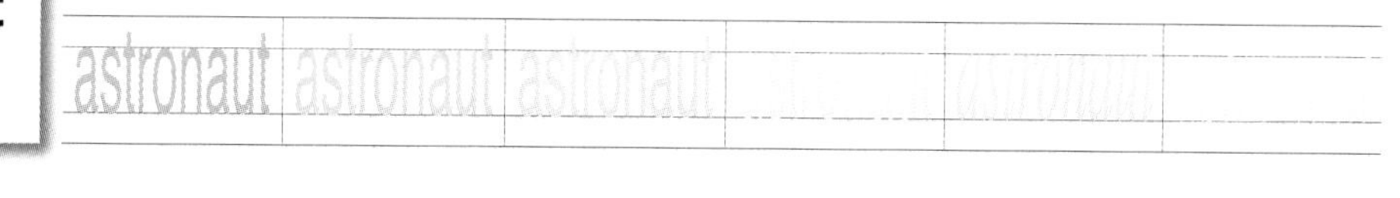

0602

field
[fí:ld]
명 들판, 분야

0603

nation
[néiʃən]
명 국가, 국민

0604
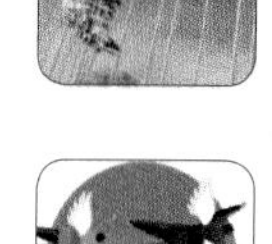
wing
[wíŋ]
명 날개

0605

probable*
[prάbəbl]
형 있음 직한

0606

enter*
[éntər]
동 들어가다, 들어오다

0607

block
[blάk]
명 구역

0608

offer*
[ɔ́:fər]
동 제의하다, 제안하다

0609

shoot
[ʃú:t]
동 총 등을 쏘다

0610

view*
[vjú:]
명 견해, 관점, 경관

DAY 31 0611-0620

년 월 일 | 암기 단어수 ◯◯ / 10

단어의 발음과 뜻을 듣고 따라 말하면서 6회 써 보세요.

0611

battle
[bǽtl]
명 전투, 투쟁

0612

goods
[gúdz]
명 상품, 제품

0613

safety
[séifti]
명 안전, 안전성

0614

active*
[ǽktiv]
형 활동적인, 적극적인

0615

smart
[smá:rt]
형 똑똑한, 영리한

0616

expect**
[ikspékt]
동 예상하다, 기대하다

0617

burn
[bə́:rn]
동 태우다, 타다

0618
raise*
[réiz]
동 들어 올리다, 올리다

0619

spread**
[spréd]
동 펼치다, 퍼뜨리다

0620

human
[hjú:mən]
명 인간, 사람

0601-0610

년 월 일 | 맞힌 단어수 ◯◯ / 10

단어와 뜻을 듣고 빈칸에 단어를 넣어 문장을 완성하세요. 그런 다음, 듣고 따라 말하면서 문장을 외우세요.

0601 She is the first woman a__________.
그녀는 최초의 여성 우주 비행사이다.

0602 There are many sheep in the f__________.
들판에 많은 양들이 있다.

0603 China is one of the biggest n__________s in the world.
중국은 세계에서 가장 큰 국가 중 하나이다.

0604 I wish I had w__________s.
나는 날개가 있으면 좋겠다.

0605 It is a p__________ story.
그것은 있을 것 같은 이야기이다.

0606 I'll e__________ high school next year.
나는 내년에 고등학교에 들어갈 것이다.

0607 His shop is three b__________s away from here.
그의 가게는 여기에서 세 구역 떨어져 있다.

0608 The restaurant o__________s good service and food.
그 식당은 좋은 서비스와 음식을 제공한다.

0609 She was s__________ing the arrow.
그녀는 화살을 쏘고 있었다.

0610 In my v__________, it is not important.
내 관점에서, 그것은 중요하지 않다.

필수 숙어

181 look around (주위를) 둘러보다
If you want, you can look around. 원한다면 둘러봐도 좋다.

182 look away 눈길을 돌리다
The bright light made her look away. 밝은 불빛에 그녀는 눈길을 돌렸다.

183 look down 내려 보다
You can look down on the river from here. 여기서 강을 내려다 볼 수 있다.

____학년 ______반 이름 ______________

DAY 31 # Word Test 0611-0620

년 월 일 | 맞힌 단어수 ◯◯ / 10

단어와 뜻을 듣고 빈칸에 단어를 넣어 문장을 완성하세요. 그런 다음, 듣고 따라 말하면서 문장을 외우세요.

0611 The b______________ was horrible.
그 전투는 끔찍했다.

0612 There are various g______________ in the market.
시장에는 다양한 상품이 있다.

0613 S______________ is the most important.
안전이 가장 중요하다.

0614 She is a very a______________ person.
그녀는 매우 활발한 사람이다.

0615 My dog is very s______________.
나의 개는 매우 똑똑하다.

0616 We e______________ the new teacher will come soon.
우리는 새로운 선생님께서 곧 오실 것이라고 예상한다.

0617 Don't b______________ them.
그것들을 태우지 마.

0618 R______________ your hands please.
손을 들어 주세요.

0619 She s______________ papers out on the desk.
그녀는 종이들을 책상 위에 펼쳤다.

0620 My dog acts like a h______________.
나의 강아지는 사람처럼 행동한다.

필수 숙어

184 look for ~ ~를 찾다, ~을 구하다
We'll send a boat out to look for them. 우리가 보트를 보내 그들을 찾아보도록 할 것이다.

185 look forward to -ing ~을 하는 것을 고대하다
I look forward to meeting you. 나는 당신을 만나는 것을 고대하고 있다.

186 look like ~ ~처럼 보이다
These animals look like bears. 이 동물들은 곰처럼 보인다.

DAY 32 0621-0630

___학년 ___반 이름 ___

년 월 일 | 암기 단어수 ◯◯/ 10

단어의 발음과 뜻을 듣고 따라 말하면서 6회 써 보세요.

0621

center
[séntər]
명 중심, 중앙, 핵심

center center center center center

0622

instrument
[ínstrəmənt]
명 기구, 도구

instrument instrument instrument instrument instrument

0623
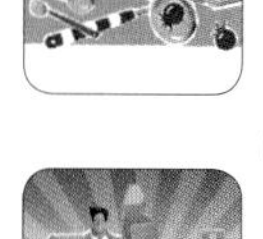
success
[səksés]
명 성공, 성과

success success success success success

0624

peaceful*
[pí:sfəl]
형 평화로운

peaceful peaceful peaceful peaceful peaceful

0625

collect*
[kəlékt]
동 모으다, 수집하다

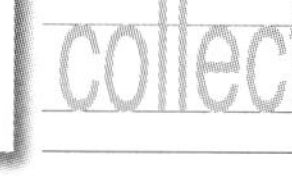
collect collect collect collect collect

0626

harvest
[há:rvist]
명 수확

harvest harvest harvest harvest harvest

0627

copy
[kápi]
동 복사하다, 베끼다

copy copy copy copy copy

0628

release*
[rilí:s]
동 풀어 주다, 발산하다

release release release release release

0629

taste
[téist]
동 ~한 맛이 나다

taste taste taste taste taste

0630
medium**
[mí:diəm]
명 매체, 수단

medium medium medium medium medium

DAY 32 0631-0640

단어의 발음과 뜻을 듣고 따라 말하면서 6회 써 보세요.

0631
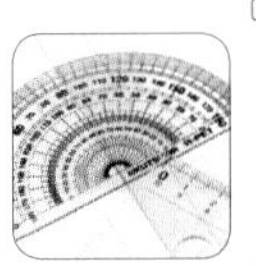

degree*
[digríː]
명 도, 정도, 학위

0632
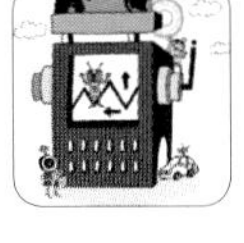

machine
[məʃíːn]
명 기계

0633

thing
[θíŋ]
명 것, 물건, 사물

0634

popular*
[pápjulər]
형 인기 있는, 대중적인

0635

disappear**
[disəpíər]
동 사라지다, 없어지다

0636
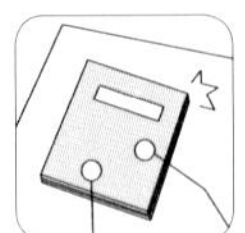

lay*
[léi]
동 놓다, 두다, 알을 낳다

0637

form
[fɔ́ːrm]
동 형성되다, 구성하다

0638

sense
[séns]
동 감지하다, 느끼다

0639

trick
[trík]
동 속이다, 속임수를 쓰다

0640

along
[əlɔ́ːŋ]
부 앞으로, ~와 함께

0621-0630

년 월 일 | 맞힌 단어수 / 10

단어와 뜻을 듣고 빈칸에 단어를 넣어 문장을 완성하세요. 그런 다음, 듣고 따라 말하면서 문장을 외우세요.

0621 The library is in the c______________ of the city.
도서관은 그 도시의 중심부에 있다.

0622 She can play the musical i______________.
그녀는 그 악기를 연주할 수 있다.

0623 Which is more important, s______________ or happiness?
성공과 행복 중 어느 것이 더 중요한가?

0624 The lake is so p______________.
그 호수는 매우 평화롭다.

0625 He is c______________ing old coins.
그는 오래된 동전을 수집하고 있다.

0626 It is the season of h______________.
수확의 계절이다.

0627 There is a c______________ machine in the office.
사무실에 복사기가 있다.

0628 The girl r______________d her little bird.
소녀는 그녀의 작은 새를 풀어 주었다.

0629 The food t______________s sweet.
그 음식은 단 맛이 난다.

0630 These shirts are all m______________ size.
이 셔츠들은 모두 중간 치수이다.

필수 숙어

187 lose weight 체중이 줄다 (↔ put on weight, gain weight)
This program will help you lose weight. 이 프로그램은 네가 체중을 줄이도록 도와줄 것이다.

188 make a choice 선택하다
I have to make a choice now. 이제 나는 선택을 해야 한다.

189 make a comment 평을 하다
I have one question before I make a comment. 나는 평을 하기 전에 질문이 하나 있다.

____학년 ______반 이름 ______________

0631-0640

년 월 일 | 맞힌 단어수 ◯◯ / 10

단어와 뜻을 듣고 빈칸에 단어를 넣어 문장을 완성하세요. 그런 다음, 듣고 따라 말하면서 문장을 외우세요.

0631 There are 360 d______________s in a circle.
원은 360도로 이루어진다.

0632 The m______________ works well.
그 기계는 잘 작동한다.

0633 It is a very funny t______________.
그것은 매우 재미있는 물건이다.

0634 The singer is very p______________ these days.
그 가수는 요즘 매우 인기가 있다.

0635 My dog d______________ed suddenly.
나의 개가 갑자기 사라졌다.

0636 L______________ the watch on the table.
그 손목시계를 탁자 위에 놓아라.

0637 Please fill in the f______________.
그 서식을 작성해 주세요.

0638 She has a good s______________ of direction.
그녀는 좋은 방향 감각을 가지고 있다.

0639 The t______________ of the magic is the secret.
그 마술의 속임수는 비밀이다.

0640 We walked a______________ the river.
우리는 강을 따라 걸었다.

필수 숙어

190 make a difference 변화를 가져오다
A dedicated teacher can make a difference in a child's life. 헌신적인 교사가 한 아이의 인생에 변화를 가져올 수 있다.

191 make a mistake 실수하다
Take care not to make a mistake. 실수하지 않도록 주의해라.

192 make friends with ~ ~와 친구가 되다, ~를 친구로 사귀다
He made friends with an old gentleman. 그는 한 노신사와 친구가 되었다.

DAY 33 0641-0650

___학년 ___반 이름 ______

년 월 일 | 암기 단어수 ◯◯ / 10

단어의 발음과 뜻을 듣고 따라 말하면서 6회 써 보세요.

0641

activity
[æktívəti]
명 활동, 활기

0642

century
[séntʃəri]
명 세기, 100년

0643

figure*
[fígjər]
명 수치, 계산, 형태

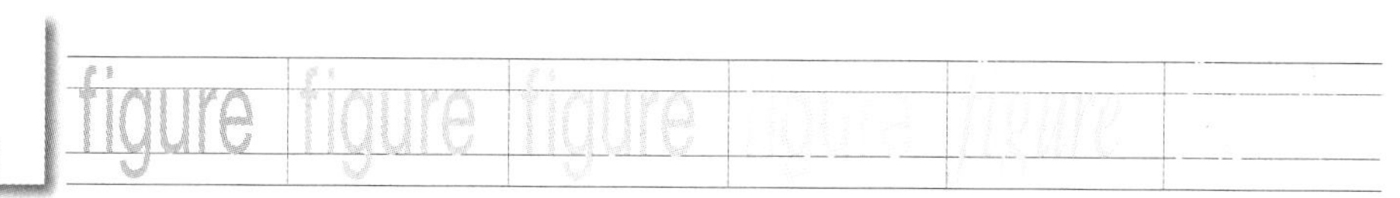

0644

oil
[ɔ́il]
명 기름, 석유

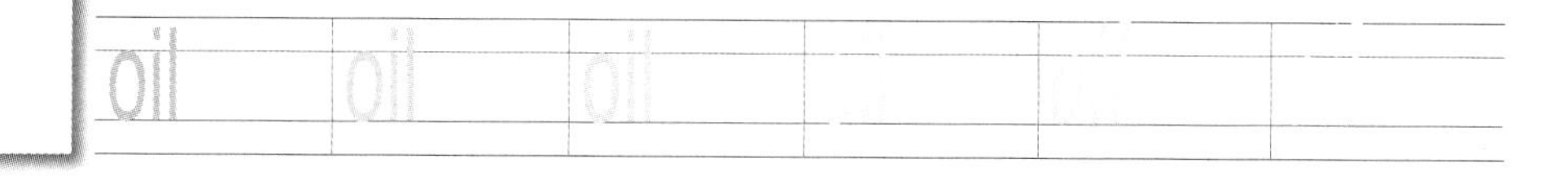

0645

stage
[stéidʒ]
명 단계, 무대

0646

successful*
[səksésfəl]
형 성공한, 성공적인

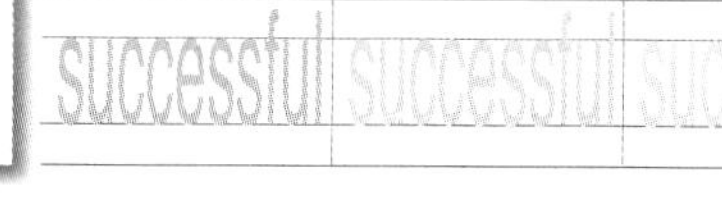

0647

disappoint*
[dìsəpɔ́int]
동 실망시키다

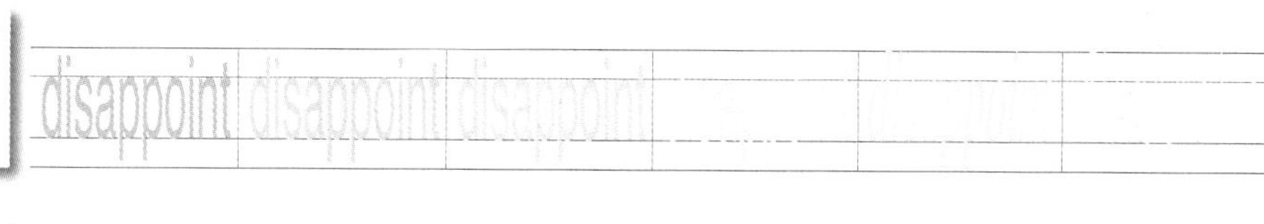

0648

desert**
[dézərt] 명 사막
[dizə́ːrt] 동 버리다

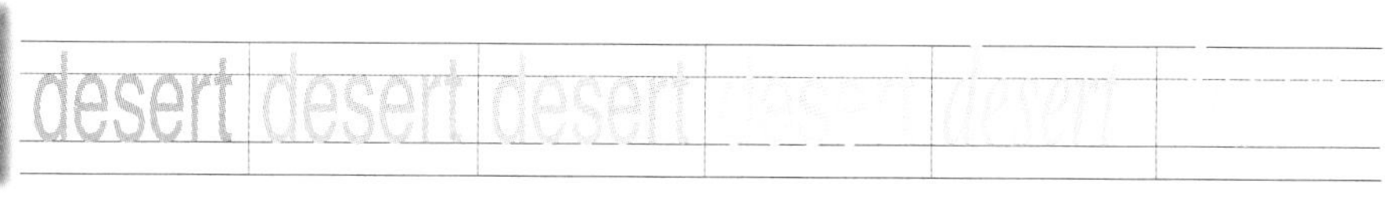

0649

sentence
[séntəns]
명 문장, 형의 선고

0650

trouble
[trʌ́bl]
동 괴롭히다

DAY 33 0651-0660

년 월 일 | 암기 단어수 ◯◯/ 10

단어의 발음과 뜻을 듣고 따라 말하면서 6회 써 보세요.

0651

athlete
[æθliːt]
명 운동선수

0652

college
[kálidʒ]
명 대학, 단과 대학

0653
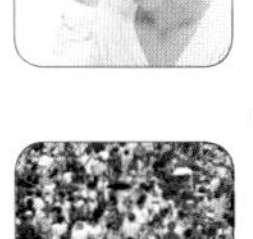
headache*
[hédèik]
명 두통, 골칫거리

0654
population
[pàpjuléiʃən]
명 인구, 주민

0655

village
[vílidʒ]
명 마을, 촌락

0656
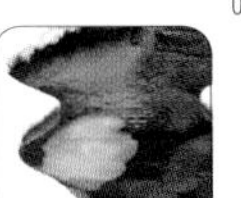
wise*
[wáiz]
형 지혜로운, 현명한

0657
melt
[mélt]
동 녹다, 녹이다

0658

experience**
[ikspíriəns]
명 경험

0659

shout*
[ʃáut]
동 외치다

0660

native*
[néitiv]
형 출생지의, 타고난

___학년 ___반 이름 ___

DAY 33 Word Test 0641-0650

년 월 일 | 맞힌 단어수 ◯◯ / 10

단어와 뜻을 듣고 빈칸에 단어를 넣어 문장을 완성하세요. 그런 다음, 듣고 따라 말하면서 문장을 외우세요.

0641 They get together for a club a__________ once a week.
그들은 클럽 활동을 하기 위해 일주일에 한 번씩 모인다.

0642 It was built in the 19th c__________.
그것은 19세기에 지어졌다.

0643 He showed them the exact f__________.
그는 그들에게 정확한 수치를 보여 주었다.

0644 She is putting olive o__________ in the salad.
그녀는 샐러드에 올리브 기름을 넣고 있다.

0645 I think this s__________ is the most important.
나는 이 단계가 가장 중요하다고 생각한다.

0646 He is a s__________ writer.
그는 성공한 작가이다.

0647 Don't d__________ me.
나를 실망시키지 마.

0648 In Africa, there is the Sahara d__________.
Africa에는 Sahara 사막이 있다.

0649 This s__________ is really beautiful, isn't it?
이 문장은 정말로 아름다워, 그렇지 않니?

0650 He t__________d her with complaints.
그는 불평을 해서 그녀를 괴롭혔다.

필수 숙어

193 make fun of ~ ~를 놀리다, ~를 조롱하다
They made fun of him about it. 그들은 그 일을 가지고 그를 놀렸다.

194 make it 해내다
If you make it, yes. 네가 해낸다면 승낙할게.

195 make one's way to ~ ~로 나아가다, ~로 가다
Please make your way to the nearest exit. 가장 가까운 출구로 나가 주시기 바랍니다.

____학년 ______반 이름 ____________

DAY 33 Word Test 0651-0660

년 월 일 | 맞힌 단어수 ◯◯ / 10

단어와 뜻을 듣고 빈칸에 단어를 넣어 문장을 완성하세요. 그런 다음, 듣고 따라 말하면서 문장을 외우세요.

0651 I will be a great a______________.
나는 훌륭한 운동선수가 될 것이다.

0652 I studied English literature at c______________.
나는 대학에서 영문학을 공부했다.

0653 Because of a terrible h______________, I couldn't go to school.
심각한 두통 때문에 나는 학교에 갈 수 없었다.

0654 The p______________ of the city is rapidly increasing.
그 도시의 인구는 빠르게 증가하고 있다.

0655 This v______________ is very peaceful.
이 마을은 매우 평화롭다.

0656 The hero in the movie is w______________ and brave.
영화 속의 영웅은 현명하고 용감하다.

0657 The snow will m______________ because the weather is warm.
날씨가 따뜻하기 때문에 눈이 녹을 것이다.

0658 Travel is a valuable e______________.
여행은 귀중한 경험이다.

0659 There was no need to s______________ to her.
그녀에게 소리칠 필요는 없었다.

0660 He returned to his n______________ place as a rich man.
그는 부자가 되어 출생지로 돌아왔다.

필수 숙어

196 make progress 전진하다, 진보하다, 향상하다
He is making much progress with his English. 그는 그의 영어를 매우 향상시키고 있다.

197 make sure 반드시 ~하도록 하다, ~을 확실히 하다
Please make sure that your seat belt is securely fastened. 여러분의 안전벨트가 단단히 매어져 있는지 확인하십시오.

198 make up one's mind 결심하다
She couldn't make up her mind about what to buy. 그녀는 무엇을 사야 할지 결심하지 못했다.

DAY 34 0661-0670

___학년 ___반 이름 ________

년 월 일 | 암기 단어수 / 10

단어의 발음과 뜻을 듣고 따라 말하면서 6회 써 보세요.

0661

beauty
[bjú:ti]
명 아름다움, 미인

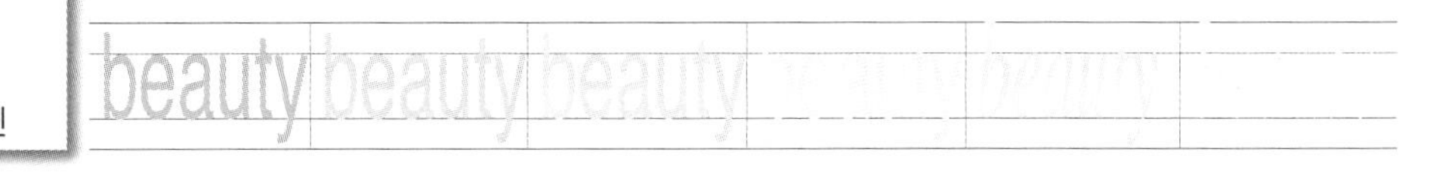

0662

course
[kɔ́:rs]
명 진행, 진로

course course course course course

0663

humor
[hjú:mər]
명 유머, 익살

humor humor humor humor humor

0664

produce*
[prədjú:s]
동 생산하다

produce produce produce produce produce

0665
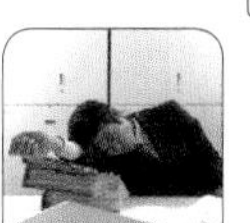
lazy*
[léizi]
형 게으른, 나태한

lazy lazy lazy lazy lazy

0666

already
[ɔ:lrédi]
부 이미, 벌써

already already already already already

0667

remind**
[rimáind]
동 생각나게 하다

remind remind remind remind remind

0668

grade*
[gréid]
명 등급, 성적

grade grade grade grade grade

0669

smoke
[smóuk]
명 연기

smoke smoke smoke smoke smoke

0670

though
[ðóu]
접 비록 ~이긴 하지만

though though though though though

DAY 34 0671-0680

년 월 일 | 암기 단어수 ◯◯ / 10

단어의 발음과 뜻을 듣고 따라 말하면서 6회 써 보세요.

0671

business
[bíznis]
명 사업, 상업, 업무

0672

environment*
[inváiərənmənt]
명 환경

0673

magazine
[mæ̀gəzíːn]
명 잡지

0674

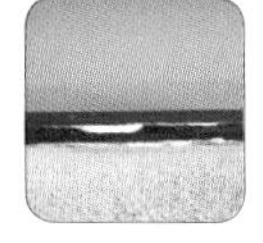

sand
[sǽnd]
명 모래

0675

perfect*
[pə́ːrfikt]
형 완벽한, 완전한

0676

rather
[rǽðər]
부 상당히, 꽤

0677

blow*
[blóu]
동 불다, 날리다

0678

interest**
[íntərəst]
명 관심, 흥미, 호기심

0679

team
[tíːm]
명 팀, 조

0680

forward
[fɔ́ːrwərd]
부 앞으로, 미래로

0661-0670

___학년 ___반 이름 ______

년 월 일 | 맞힌 단어수 ◯◯/ 10

단어와 뜻을 듣고 빈칸에 단어를 넣어 문장을 완성하세요. 그런 다음, 듣고 따라 말하면서 문장을 외우세요.

0661 He admired the b__________ of nature.
그는 자연의 아름다움에 감탄했다.

0662 This English training c__________ is very good.
이 영어 훈련 과정은 매우 좋다.

0663 He doesn't have a sense of h__________.
그는 유머 감각이 없다.

0664 The farm p__________s fresh vegetables every day.
그 농장은 매일 신선한 야채를 생산한다.

0665 What a l__________ girl she is!
그녀는 정말 게으른 소녀이다!

0666 Did you eat lunch a__________?
너는 벌써 점심을 먹었니?

0667 She r__________s me of my mother.
그녀는 내게 나의 어머니가 생각나게 한다.

0668 I got an average g__________ in the test.
나는 시험에서 평균 점수를 받았다.

0669 The s__________ detector didn't work.
연기 탐지기가 작동하지 않았다.

0670 T__________ I won the race, I felt bad.
나는 경주에서 이기긴 했지만, 기분이 나빴다.

필수 숙어

199 most of all 무엇보다도, 우선
Most of all, you should clean your room. 우선, 네 방을 청소해야 한다.

200 move around 돌아다니다, 여기저기 옮기다
He just broke his foot and cannot move around much. 그는 다리가 부러져서 많이 돌아다닐 수가 없다.

201 move into ~ ~로 이주하다
They decided to move into the city. 그들은 그 도시로 이주하기로 결정했다.

____학년 ______반 이름 ______________

0671-0680

년 월 일 | 맞힌 단어수 ◯◯ / 10

단어와 뜻을 듣고 빈칸에 단어를 넣어 문장을 완성하세요. 그런 다음, 듣고 따라 말하면서 문장을 외우세요.

0671 There are many chances in the Internet b______________.
인터넷 사업에는 많은 기회들이 있다.

0672 We should protect the e______________.
우리는 환경을 보호해야만 한다.

0673 He is reading a m______________.
그는 잡지를 읽고 있다.

0674 The dog is running on the s______________.
개가 모래 위를 달리고 있다.

0675 There is no p______________ person in the world.
세상에 완벽한 사람은 없다.

0676 It was r______________ different problem.
그것은 상당히 다른 문제였다.

0677 Don't b______________ up more balloons.
풍선을 더 불지 마라.

0678 I've lost i______________ in reading novels.
나는 소설을 읽는 것에 흥미를 잃었다.

0679 He is on the baseball t______________, right?
그는 야구팀에 소속되어 있지, 그렇지?

0680 She leaned her head f______________.
그녀는 머리를 앞으로 기울였다.

필수 숙어

202 name after ~ ~의 이름을 따서 부르다
He was named after his father. 그는 아버지의 이름을 따서 이름이 지어졌다.

203 no longer ~ 더 이상 ~ 않다, 더 이상 ~ 아니다 (= not ~ any longer)
The floppy disk is no longer used. 플로피 디스크는 더 이상 쓰이지 않는다.

204 no matter how ~ 아무리 ~일지라도 (= however ~)
No matter how often I tell him, he doesn't listen to me. 내가 아무리 자주 그에게 말해도 그는 내 말에 귀 기울이지 않는다.

DAY 35 0681-0690

____학년 ______반 이름 ____________

년 월 일 | 암기 단어수 ◯◯ / 10

단어의 발음과 뜻을 듣고 따라 말하면서 6회 써 보세요.

0681

butterfly
[bʌ́tərflài]
명 나비

butterfly butterfly butterfly

0682

onion
[ʌ́njən]
명 양파

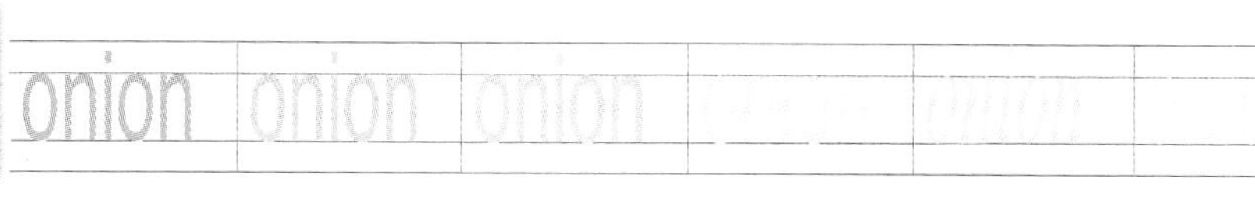

0683

throat
[θróut]
명 목구멍, 목

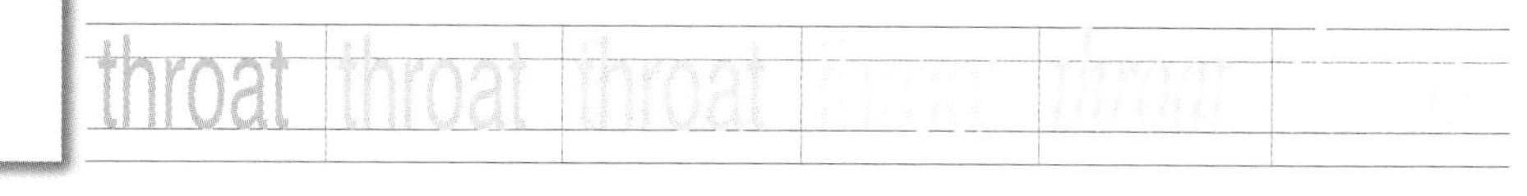

0684

colorful*
[kʌ́lərfəl]
형 다채로운, 화려한

colorful colorful colorful

0685

healthy*
[hélθi]
형 건강한, 건강에 좋은

healthy healthy healthy

0686

although
[ɔːlðóu]
접 비록 ~이긴 하지만

although although although

0687

found*
[fáund]
동 설립하다

found found found

0688

boil
[bɔ́il]
동 끓이다, 데치다

boil boil boil

0689

reach*
[ríːtʃ]
동 ~에 이르다

reach reach reach

0690

trust*
[trʌ́st]
명 신임, 신뢰

trust trust trust

DAY 35 0691-0700

년 월 일 | 암기 단어수 ◯◯ / 10

단어의 발음과 뜻을 듣고 따라 말하면서 6회 써 보세요.

0691

grammar**
[grǽmər]
명 문법, 문법책

0692

pork
[pɔ́ːrk]
명 돼지고기

0693

vitamin
[váitəmi(ː)n]
명 비타민

0694

crazy
[kréizi]
형 미친, 정상이 아닌

0695

international
[ìntərnǽʃənl]
형 국제의, 국제적인

0696

attach*
[ətǽtʃ]
동 붙이다, 첨부하다

0697
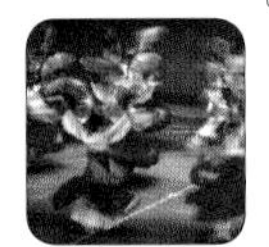

perform**
[pərfɔ́ːrm]
동 행하다, 공연하다

0698

design
[dizáin]
동 디자인하다

0699

report*
[ripɔ́ːrt]
명 보고, 보고서

0700

such
[sətʃ]
형 그와 같은, 그러한

0681-0690

____학년 ______반 이름 ____________

년 월 일 | 맞힌 단어수 ◯◯ / 10

단어와 뜻을 듣고 빈칸에 단어를 넣어 문장을 완성하세요. 그런 다음, 듣고 따라 말하면서 문장을 외우세요.

0681 He tries to catch the b____________.
그는 나비를 잡으려고 애쓴다.

0682 She never eats o____________s.
그녀는 양파를 절대 먹지 않는다.

0683 Something stuck in my t____________.
무언가 내 목구멍에 걸렸다.

0684 She is wearing a c____________ dress.
그녀는 화려한 드레스를 입고 있다.

0685 Tomatoes are a h____________ food.
토마토는 건강에 좋은 음식이다.

0686 A____________ he is kind, he has no friends.
비록 그는 친절하지만, 친구가 없다.

0687 He f____________ed his company in 1990.
그는 그의 회사를 1990년에 설립했다.

0688 B____________ a lot of soup for a long time.
많은 수프를 오랫동안 끓여라.

0689 She can r____________ the book easily.
그녀는 책에 쉽게 닿을 수 있다.

0690 I have t____________ in them.
나는 그들을 신뢰한다.

필수 숙어

205 no matter what ~ ~을 할지라도 (= whatever ~)
No matter what I suggest, she always disagrees. 내가 어떤 제안을 할지라도 그녀는 항상 반대한다.

206 not ~ at all 전혀 ~이 아닌
I do not know her at all. 나는 그녀를 전혀 모른다.

207 not only A but also B A뿐만 아니라 B도 (= B as well as A)
He speaks not only English but also Chinese. 그는 영어뿐만 아니라 중국어도 말한다.

____학년 ______반 이름 ______________

DAY 35 Word Test 0691-0700

년 월 일 | 맞힌 단어수 ◯◯/ 10

단어와 뜻을 듣고 빈칸에 단어를 넣어 문장을 완성하세요. 그런 다음, 듣고 따라 말하면서 문장을 외우세요.

0691 Students are learning about English g____________.
학생들은 영어 문법에 대해서 배우고 있다.

0692 I like p____________ better than beef.
나는 소고기보다 돼지고기를 더 좋아한다.

0693 An orange contains much v____________.
오렌지에는 많은 비타민이 들어 있다.

0694 Are you c____________?
너 미쳤니?

0695 She works in i____________ trade.
그녀는 국제 무역 일을 한다.

0696 How do I a____________ it to an email?
그걸 이메일에 어떻게 첨부하나요?

0697 Dolphins p____________ in an aquarium on Saturdays.
돌고래들은 토요일마다 수족관에서 공연한다.

0698 Her d____________ is really fantastic.
그녀의 디자인은 정말 환상적이다.

0699 I have to hand in my r____________ by this afternoon.
나는 오늘 오후까지 보고서를 제출해야 한다.

0700 S____________ a situation is very dangerous.
그러한 상황은 매우 위험하다.

필수 숙어

208 (It is) no wonder ~ ~이라는 것은 당연하다
It is no wonder that parents should love their children. 부모가 자식을 사랑하는 것은 당연하다.

209 of all time 고금의, 전무후무한
He was the best singer of all time. 그는 역대 최고의 가수였다.

210 one another 서로
They are talking with one another. 그들은 서로 이야기를 나누고 있다.

36 0701-0710

___학년 ___반 이름 ___

년 월 일 | 암기 단어수 ◯◯ / 10

단어의 발음과 뜻을 듣고 따라 말하면서 6회 써 보세요.

0701
member*
[mémbər]
명 구성원, 일원

member member member member member

0702
product
[prádʌkt]
명 생산물, 상품

product product product product product

0703
actual*
[ǽktʃuəl]
형 실제의, 사실상의

actual actual actual actual actual

0704
especial*
[ispéʃəl]
형 특별한, 각별한

especial especial especial especial especial

0705
magic
[mǽdʒik]
명 마술, 마법

magic magic magic magic magic

0706
discover**
[diskʌ́vər]
동 발견하다, 알아내다

discover discover discover discover discover

0707
satisfy*
[sǽtisfài]
동 만족시키다

satisfy satisfy satisfy satisfy satisfy

0708
hunt
[hʌ́nt]
동 사냥하다, 뒤지다

hunt hunt hunt hunt hunt

0709
shower
[ʃáuər]
명 샤워, 소나기

shower shower shower shower shower

0710
behind
[biháind]
부 전 뒤에

behind behind behind behind behind

DAY 36 0711-0720

년 월 일 | 암기 단어수 ◯◯ / 10

단어의 발음과 뜻을 듣고 따라 말하면서 6회 써 보세요.

0711

nature
[néitʃər]
명 자연, 본성, 본질

nature nature nature nature

0712

snack
[snæk]
명 간단한 식사, 간식

snack snack snack snack

0713

certain
[sə́ːrtn]
형 확실한, 확신하는

certain certain certain certain

0714

final*
[fáinl]
형 마지막의

final final final final

0715

serious**
[síəriəs]
형 심각한, 진지한

serious serious serious serious

0716

explain*
[ikspléin]
동 설명하다

explain explain explain explain

0717

steal
[stíːl]
동 훔치다

steal steal steal steal

0718

lead*
[líːd]
동 인도하다

lead lead lead lead

0719

tear**
[tέər] 동 찢다, 찢어지다
[tíər] 명 눈물

tear tear tear tear

0720

within
[wiðín]
전 ~ 이내에, ~ 안에

within within within within

___학년 ___반 이름 ___________

DAY 36 Word Test 0701-0710

년 월 일 | 맞힌 단어수 ◯◯ / 10

단어와 뜻을 듣고 빈칸에 단어를 넣어 문장을 완성하세요. 그런 다음, 듣고 따라 말하면서 문장을 외우세요.

0701 You are not a m__________ of our club.
너는 우리 클럽의 회원이 아니다.

0702 The p__________ she decided on is this book.
그녀가 결정한 상품은 이 책이다.

0703 I don't want to show my a__________ feeling.
나는 나의 실제 감정을 보여 주고 싶지 않다.

0704 It was an e__________ birthday party to me.
그것은 내게 특별한 생일 파티였다.

0705 He believed in m__________ when he was young.
그는 어렸을 때 마술을 믿었다.

0706 They d__________ed the solution by accident.
그들은 그 해결책을 우연히 발견했다.

0707 The new plan will not s__________ everyone.
새로운 계획은 모두를 만족시키지 않을 것이다.

0708 Many animals h__________ in the night.
많은 동물들이 밤에 사냥한다.

0709 You need to take a s__________ after exercising.
너는 운동 후에 샤워할 필요가 있다.

0710 They were a long way b__________.
그들은 한참 뒤에 있었다.

필수 숙어

211 one by one 하나씩
They entered the room one by one. 그들은 한 명씩 방으로 들어갔다.

212 on one's own 스스로의 힘으로, 혼자서
She goes nowhere on her own. 그녀는 혼자 힘으로는 어디에도 가지 못한다.

213 on one's way to ~ ~에 가는 길에
She decided to stop in Chicago on her way to New York. 그녀는 New York으로 가는 길에 Chicago에 들르기로 결정했다.

____학년 ______반 이름 ____________

Word Test 0711-0720

년 월 일 | 맞힌 단어수 ◯◯ / 10

단어와 뜻을 듣고 빈칸에 단어를 넣어 문장을 완성하세요. 그런 다음, 듣고 따라 말하면서 문장을 외우세요.

0711 Beautiful n______________ can heal sick people.
아름다운 자연은 아픈 사람들을 치료할 수 있다.

0712 They are eating the s______________.
그들은 간식을 먹고 있다.

0713 It is c______________ that she will win the game.
그녀가 경기에서 이길 것이 확실하다.

0714 The f______________ stage is finally finished.
마지막 단계가 마침내 끝났다.

0715 She told us a s______________ story.
그녀는 우리에게 중요한 이야기를 해 주었다.

0716 Let me e______________ more details.
내가 자세히 설명해 줄게.

0717 We had to s______________ bread to stay alive.
우리는 살기 위해 빵을 훔쳐야 했다.

0718 A guy l______________s me to a square.
한 남자가 나를 광장으로 이끈다.

0719 He is t______________ing the paper in two.
그는 서류를 두 조각으로 찢고 있다.

0720 You have to pay the money back w______________ two weeks.
너는 2주 이내에 돈을 갚아야 한다.

필수 숙어

214 on sale 판매 중인
The book will be on sale next month. 그 책은 다음 달에 판매될 것이다.

215 on time 제때에, 정시에
Surprisingly, he arrived on time. 놀랍게도, 그는 정각에 도착했다.

216 on top of ~ ~에 더하여, 게다가 (= in addition to ~)
On top of everything else, she's a musician as well. 그녀는 못하는 게 거의 없고, 게다가 음악가이기도 하다.

DAY 37 0721-0730

____학년 ______반 이름 ____________

년 월 일 | 암기 단어수 ◯◯ / 10

단어의 발음과 뜻을 듣고 따라 말하면서 6회 써 보세요.

0721

bone
[bóun]
명 뼈
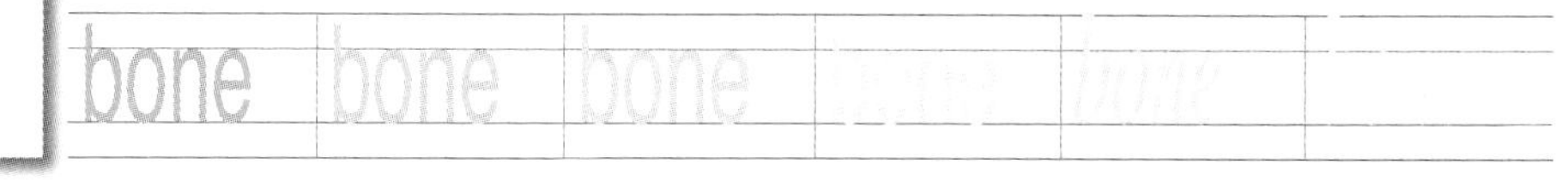

0722

grandparent
[grǽndpὲərənt]
명 조부, 조모
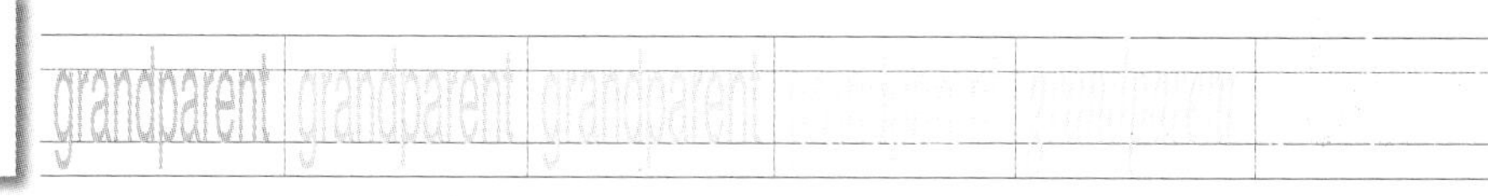

0723

opinion*
[əpínjən]
명 의견, 견해
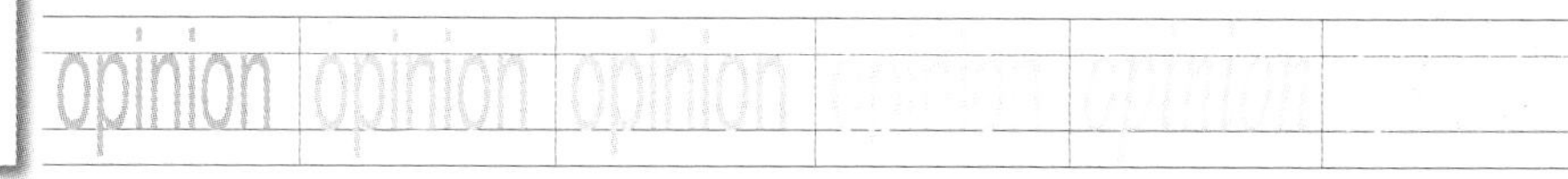

0724

vocabulary
[voukǽbjulèri]
명 어휘
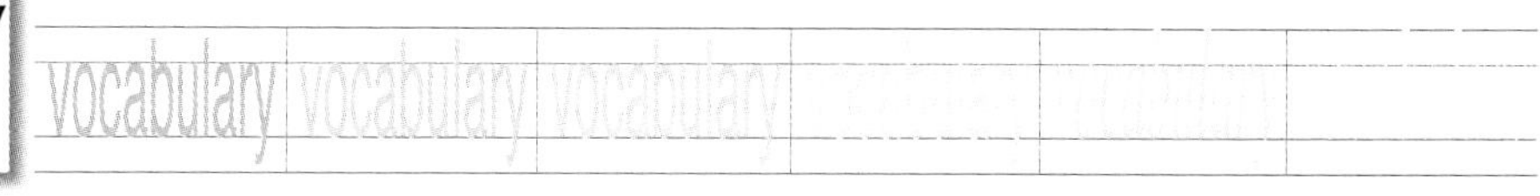

0725

shy*
[ʃái]
형 수줍음을 타는

0726

add**
[ǽd]
동 더하다, 추가하다

0727

serve
[sə́ːrv]
동 음식을 제공하다

0728
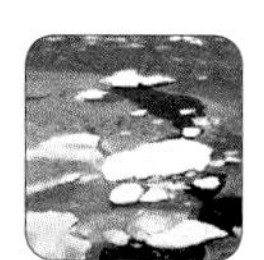
freeze
[fríːz]
동 얼다, 얼리다

0729

project*
[prádʒekt]
명 계획, 과제
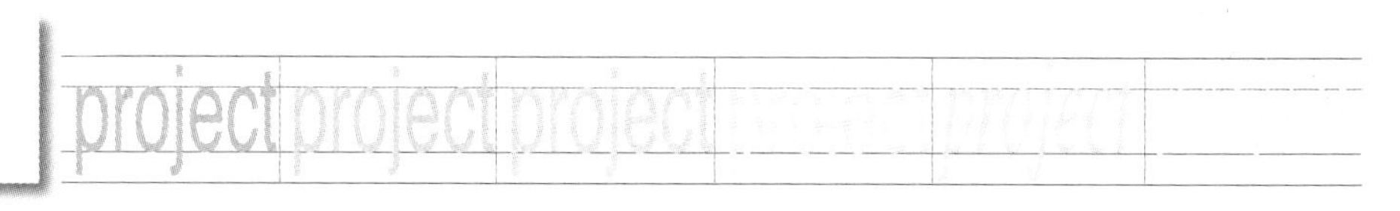

0730

main**
[méin]
형 주된, 주요한

DAY 37 0731-0740

년 월 일 | 암기 단어수 ◯◯ / 10

단어의 발음과 뜻을 듣고 따라 말하면서 6회 써 보세요.

0731

comedy
[kámədi]
명 코미디, 희극

0732

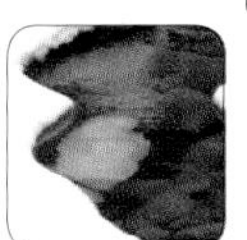

ice
[áis]
명 얼음, 얼음판

0733

performance
[pərfɔ́ːrməns]
명 공연, 성과, 수행

0734

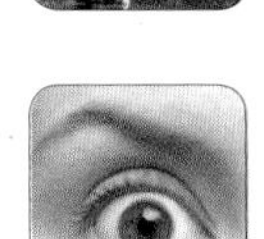

amazing
[əméiziŋ]
형 놀라운, 굉장한

0735

social*
[sóuʃəl]
형 사회의, 사회적인

0736

believe*
[bilíːv]
동 믿다, 여기다

0737

attack
[ətǽk]
동 공격하다

0738

heat
[híːt]
명 열, 더위

0739

respect**
[rispékt]
명 존경, 존중

0740

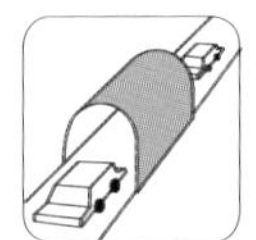

through
[θrúː]
전 ~을 통해, ~ 사이로

____학년 ______반 이름 ______________

DAY 37 Word Test 0721-0730

년 월 일 | 맞힌 단어수 ◯◯ / 10

단어와 뜻을 듣고 빈칸에 단어를 넣어 문장을 완성하세요. 그런 다음, 듣고 따라 말하면서 문장을 외우세요.

0721 The X-ray showed my b______________s.
엑스레이가 내 뼈들을 보여 주었다.

0722 I live with my g______________s.
나는 조부모님과 함께 산다.

0723 In my o______________, this is terrible.
내 의견으로는, 이것은 끔찍하다.

0724 Reading is a good way of improving your v______________.
독서는 당신의 어휘를 향상시키는 좋은 방법이다.

0725 He was a s______________ boy, wasn't he?
그는 수줍은 소년이었어, 그렇지 않았니?

0726 She used a calculator to a______________ the numbers.
그녀는 숫자들을 더하기 위해 계산기를 사용했다.

0727 That restaurant s______________s cold beverages for free.
저 식당은 시원한 음료를 무료로 제공한다.

0728 The river doesn't f______________ easily.
그 강은 쉽게 얼지 않는다.

0729 This p______________ was canceled yesterday.
이 계획은 어제 취소되었다.

0730 My m______________ concern is to protect the environment.
나의 주된 관심사는 환경을 보호하는 것이다.

필수 숙어

217 out of breath 숨을 헐떡이며
The boy ran till he was out of breath. 그 소년은 숨이 찰 때까지 달렸다.

218 pass away 죽다
His mother passed away five years ago. 그의 어머니는 5년 전에 돌아가셨다.

219 pass by 지나가다
I will be passing by the bookstore on my way home. 나는 집에 가는 길에 그 서점을 지나갈 예정이다.

____학년 ______반 이름 ____________

0731-0740

년 월 일 | 맞힌 단어수 ◯◯/ 10

단어와 뜻을 듣고 빈칸에 단어를 넣어 문장을 완성하세요. 그런 다음, 듣고 따라 말하면서 문장을 외우세요.

0731 We enjoyed the c______________ at the theater.
우리는 극장에서 희극을 즐겼다.

0732 There wasn't any i______________ in the cup.
컵 안에 얼음이 전혀 없었다.

0733 Her p______________ will start at seven.
그녀의 공연은 7시에 시작할 것이다.

0734 He wrote a______________ stories.
그는 놀라운 이야기들을 썼다.

0735 We are talking about s______________ issues.
우리는 사회적인 문제들에 관하여 이야기하고 있다.

0736 I can't b______________ this!
나는 이걸 믿을 수 없다!

0737 They a______________ed us without warning.
그들은 경고 없이 우리를 공격했다.

0738 H______________ the oil and add the garlic.
기름을 달군 뒤 마늘을 첨가해라.

0739 They have r______________ for their teachers.
그들은 선생님들을 존경한다.

0740 It was hard for me to walk t______________ the crowd.
내가 사람들 사이로 걷는 것은 힘들었다.

필수 숙어

220 pass through ~ ~를 통과하다
A lot of ships pass through the canal. 많은 배들이 운하를 통과한다.

221 pay attention to ~ ~에 주의를 기울이다
You should pay attention to the person who talks to you. 너에게 말하는 사람에게 주의를 기울여야 한다.

222 pay for ~ ~의 대금을 지불하다
Did you pay for the book? 너는 책값을 지불했니?

단어의 발음과 뜻을 듣고 따라 말하면서 6회 써 보세요.

0741

dessert
[dizə́:rt]
명 디저트, 후식

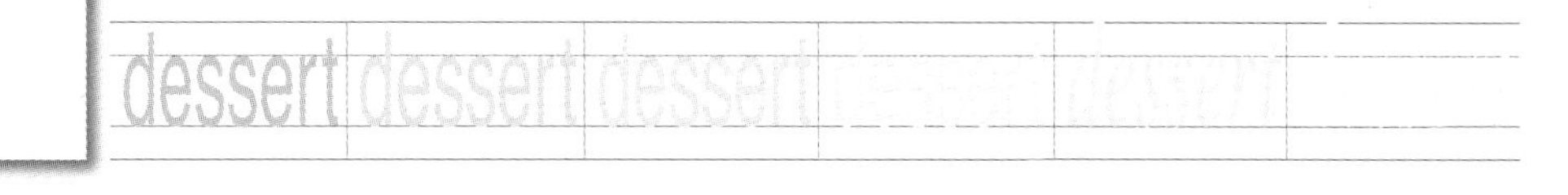

0742

memory
[méməri]
명 기억, 기억력, 추억

0743
sauce
[sɔ́:s]
명 소스

0744
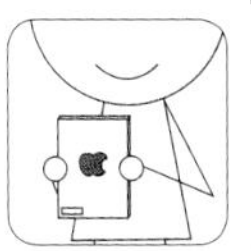
portable
[pɔ́:rtəbl]
형 휴대용의

0745

sudden*
[sʌ́dn]
형 갑작스러운, 돌연한

0746

create**
[kriéit]
동 창조하다, 창작하다

0747

camp
[kǽmp]
명 야영지, 텐트, 캠프

0748

interview
[íntərvjù:]
명 인터뷰, 면접

0749

step*
[stép]
명 발걸음, 단계

0750

even
[í:vən]
부 ~조차, ~까지도

학년 ____ 반 ____ 이름 ____

DAY 38 0751-0760

년 월 일 | 암기 단어수 ◯◯ / 10

단어의 발음과 뜻을 듣고 따라 말하면서 6회 써 보세요.

0751
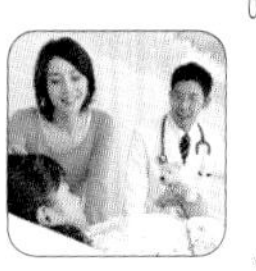

disease*
[dizí:z]
명 병, 질병

0752

neighbor*
[néibər]
명 이웃

0753

truth**
[trú:θ]
명 사실, 진실, 진리

0754

real**
[rí:əl]
형 진짜의, 실제의

0755

without
[wiðáut]
부 전 ~ 없이

0756

explore*
[iksplɔ́:r]
동 탐험하다, 탐구하다

0757

challenge*
[tʃǽlindʒ]
동 도전하다

0758

leave*
[lí:v]
동 떠나다, 남기다

0759

tease
[tí:z]
동 놀리다, 괴롭히다

0760

fit**
[fít]
형 적합한, 알맞은

____학년 ______반 이름 ____________

DAY 38 Word Test 0741-0750

년 월 일 | 맞힌 단어수 ◯◯/ 10

단어와 뜻을 듣고 빈칸에 단어를 넣어 문장을 완성하세요. 그런 다음, 듣고 따라 말하면서 문장을 외우세요.

0741 I will have apple pie for d__________.
나는 후식으로 애플파이를 먹을 것이다.

0742 The thief's face is still vivid in my m__________.
도둑의 얼굴이 내 기억 속에서 여전히 생생하다.

0743 This s__________ tastes good.
이 소스는 맛이 좋다.

0744 He always carries a p__________ radio.
그는 언제나 휴대용 라디오를 들고 다닌다.

0745 A baby started to cry at the s__________ noise.
아기가 갑작스런 소음에 울기 시작했다.

0746 Many artists use imagination to c__________ art.
많은 예술가들이 예술을 창조하기 위해 상상력을 사용한다.

0747 Return to c__________ right now.
당장 야영지로 돌아가라.

0748 This is the first i__________ with the celebrity.
이것은 유명인과의 첫 번째 인터뷰이다.

0749 I was too tired to walk another s__________.
나는 너무 피곤해서 한 걸음도 더 못 걸었다.

0750 E__________ a child can solve the problem.
어린아이조차 그 문제를 풀 수 있다.

필수 숙어

223 pick out ~ ~을 고르다, ~을 집어내다
I have to pick out a gift for her. 나는 그녀의 선물을 골라야 한다.

224 pick up ~ ~을 집어 들다, ~을 줍다
Pick up the pen for me. 펜 좀 집어 줘.

225 point to ~ (손가락으로) ~을 가리키다
She pointed to a spot on the map. 그녀는 지도의 한 지점을 가리켰다.

_____학년 _______반 이름 _______________

0751-0760

년 월 일 | 맞힌 단어수 ◯◯ / 10

단어와 뜻을 듣고 빈칸에 단어를 넣어 문장을 완성하세요. 그런 다음, 듣고 따라 말하면서 문장을 외우세요.

0751 Overeating causes this d______________.
과식은 이 질병을 일으킨다.

0752 My n______________ has a nice garden.
나의 이웃은 멋진 정원을 갖고 있다.

0753 I want to know the t______________. Tell me!
나는 진실을 알고 싶어. 내게 말해 줘!

0754 It isn't a r______________ antique, is it?
그것은 진짜 골동품은 아니지, 그렇지?

0755 She can't see anything w______________ her glasses.
그녀는 안경 없이는 아무것도 볼 수 없다.

0756 He is the person who e______________d the moon for the first time.
그는 달을 처음으로 탐험했던 사람이다.

0757 The swimmer c______________d the world record.
그 수영 선수는 세계 기록에 도전했다.

0758 When are you going to l______________?
넌 언제 떠날 거니?

0759 She used to t______________ him about his habit.
그녀는 그의 버릇에 대해 그를 놀리곤 했다.

0760 She is not f______________ for such work.
그녀는 그런 일에 적합하지 않다.

필수 숙어

226 prevent A from -ing A가 ~하지 못하게 하다
Bad weather prevented us from going outside. 날씨가 안 좋아서 우리는 밖에 나가지 못했다.

227 protect A from B A를 B로부터 보호하다
This cream protects you from the sun. 이 크림이 당신을 햇빛으로부터 보호해 준다.

228 pull out ~ ~을 뽑다
He had a tooth pulled out. 그는 치아를 하나 뽑았다.

____학년 ______반 이름 ____________

년 월 일 | 암기 단어수 ◯◯ / 10

단어의 발음과 뜻을 듣고 따라 말하면서 6회 써 보세요.

0761

bell
[bél]
명 종, 종소리

bell bell bell bell bell

0762

event
[ivént]
명 사건, 행사

event event event event event

0763

sight*
[sáit]
명 시력, 시야, 광경

sight sight sight sight sight

0764

comfortable
[kʌ́mftəbl]
형 편안한, 기분 좋은

comfortable comfortable comfortable comfortable comfortable

0765

among
[əmʌ́ŋ]
전 ~ 사이에

among among among among among

0766
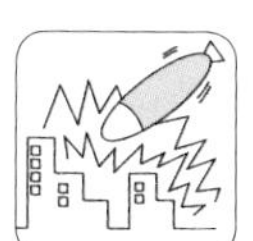
destroy**
[distrɔ́i]
동 파괴하다, 망치다

destroy destroy destroy destroy destroy

0767

manage*
[mǽnidʒ]
동 이럭저럭 해내다

manage manage manage manage manage

0768

suggest*
[səgdʒést]
동 제안하다, 암시하다

suggest suggest suggest suggest suggest

0769
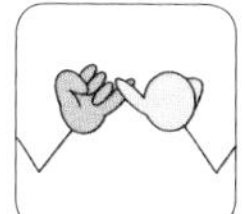
promise**
[prámis]
명 약속, 가능성

promise promise promise promise promise

0770

wonder
[wʌ́ndər]
명 경이, 경탄

wonder wonder wonder wonder wonder

____학년 ______반 이름 ____________

DAY 39 0771-0780

년 월 일 | 암기 단어수 / 10

단어의 발음과 뜻을 듣고 따라 말하면서 6회 써 보세요.

0771

bookstore
[búkstɔ̀ːr]
명 서점

0772
friendship
[fréndʃìp]
명 우정, 친선

0773

society*
[səsáiəti]
명 사회, 협회

0774

creative*
[kriéitiv]
형 창조적인, 독창적인

0775

if
[if]
접 만약 ~이면

0776

express*
[iksprés]
동 표현하다

0777

mention*
[ménʃən]
동 말하다, 언급하다

0778
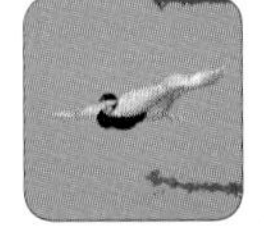
dive
[dáiv]
동 다이빙하다

0779

result**
[rizʌ́lt]
명 결과, 성과

0780

flat*
[flæt]
형 평평한

____학년 ______반 이름 ______________

DAY 39 Word Test 0761-0770

년 월 일 | 맞힌 단어수 ◯◯ / 10

단어와 뜻을 듣고 빈칸에 단어를 넣어 문장을 완성하세요. 그런 다음, 듣고 따라 말하면서 문장을 외우세요.

0761 A b______________ rang.
종이 울렸다.

0762 Every newspaper reported the e______________.
모든 신문이 그 사건을 보도했다.

0763 What a beautiful s______________ it is!
정말 아름다운 광경이다!

0764 She sat in a c______________ position.
그녀는 편안한 자세로 앉았다.

0765 The car is a______________ the trees.
그 차는 나무들 사이에 있다.

0766 Typhoons d______________ buildings, bridges, and roads.
태풍은 건물과 다리와 길을 파괴한다.

0767 He m______________s on his salary.
그는 월급으로 이럭저럭 꾸려 나간다.

0768 I s______________ you take a bus.
나는 네가 버스 탈 것을 제안한다.

0769 He kept his p______________ to give the book back to me.
그는 그 책을 나에게 돌려주겠다는 약속을 지켰다.

0770 I felt w______________ at seeing Angkor Wat.
나는 Angkor Wat을 보면서 경탄했다.

필수 숙어

229 pull together 협력하다
Many people must pull together if the business is to succeed. 그 사업이 성공하려면 여러 사람이 협력해야 한다.

230 push out ~ ~을 밀어내다
He pushed her out of the way. 그는 그녀를 길에서 밀어냈다.

231 put back ~ ~을 다시 제자리에 갖다 놓다
She put the milk back in the refrigerator. 그녀는 우유를 냉장고에 도로 갖다 넣었다.

____학년 ______반 이름 ____________

0771-0780

년 월 일 | 맞힌 단어수 ◯◯ / 10

단어와 뜻을 듣고 빈칸에 단어를 넣어 문장을 완성하세요. 그런 다음, 듣고 따라 말하면서 문장을 외우세요.

0771 This b______________ is open every day except Thursday.
이 서점은 목요일을 제외하고는 매일 문을 연다.

0772 Our f______________ grew from common interests in the movie.
우리의 우정은 영화에 대한 공통된 관심에서 비롯되었다.

0773 There are many working couples in our s______________.
우리 사회에는 맞벌이 부부들이 많다.

0774 His work is c______________ and beautiful.
그의 작품은 독창적이고 아름답다.

0775 I______________ it's warm tomorrow, we'll go on a picnic.
만약 내일 날씨가 따뜻하면 우리는 소풍 갈 것이다.

0776 Music is a tool to e______________ men's emotion.
음악은 인간의 감정을 표현하는 도구이다.

0777 I don't want to m______________ the problem.
나는 그 문제를 언급하고 싶지 않다.

0778 She is watching the boy d______________.
그녀는 소년이 다이빙하는 것을 보고 있다.

0779 They were satisfied with the r______________.
그들은 그 결과에 만족했다.

0780 The house has a f______________ roof.
그 집은 지붕이 평평하다.

필수 숙어

232 reach one's goal 목표를 달성하다
How long will it take you to reach your goal? 너의 목표를 달성하는 데 시간이 얼마나 걸릴까?

233 read ~ out loud ~을 큰 소리로 읽다
Read this out loud please. 이것을 큰 소리로 읽어 주세요.

234 read lips 입 모양으로 말을 알아듣다
Read my lips. 내 말 잘 들어요.

___학년 ___반 이름 ___

년 월 일 | 암기 단어수 ◯◯/ 10

단어의 발음과 뜻을 듣고 따라 말하면서 6회 써 보세요.

0781

candle
[kǽndl]
명 양초

candle candle candle

0782

graph
[græf]
명 그래프, 도표

graph graph graph

0783

technology*
[teknálədʒi]
명 기술, 과학 기술

technology technology technology

0784

helpful*
[hélpfəl]
형 도움이 되는

helpful helpful helpful

0785

admire*
[ædmáiər]
동 감탄하다

admire admire admire

0786

introduce
[ìntrədjú:s]
동 소개하다

introduce introduce introduce

0787

realize**
[rí:əlàiz]
동 깨닫다, 실현하다

realize realize realize

0788

order*
[ɔ́:rdər]
동 명령하다, 주문하다

order order order

0789

stick
[stík]
명 막대기, 지팡이

stick stick stick

0790

piggy
[pígi]
명 돼지

piggy piggy piggy

DAY 40 0791-0800

년 월 일 | 암기 단어수 ◯◯ / 10

단어의 발음과 뜻을 듣고 따라 말하면서 6회 써 보세요.

0791

chance*
[tʃǽns]
명 기회, 가능성

chance chance chance

0792

service
[sə́ːrvis]
명 봉사, 공공 서비스

service service service

0793

turtle
[tə́ːrtl]
명 바다거북

turtle turtle turtle

0794

nervous**
[nə́ːrvəs]
형 긴장한, 신경성의

nervous nervous nervous

0795

attend*
[əténd]
동 출석하다, 참석하다

attend attend attend

0796

lend
[lénd]
동 빌려 주다, 대출하다

lend lend lend

0797

save
[séiv]
동 구하다, 절약하다

save save save

0798

position*
[pəzíʃən]
명 위치, 자세, 입장

position position position

0799

volunteer
[vɑ̀ləntíər]
명 지원자, 자원봉사자

volunteer volunteer volunteer

0800

throughout
[θruːáut]
부 전 도처에, ~ 동안 죽

throughout throughout throughout

____학년 ______반 이름 ____________

DAY 40 Word Test 0781-0790

년 월 일 | 맞힌 단어수 ◯◯ / 10

단어와 뜻을 듣고 빈칸에 단어를 넣어 문장을 완성하세요. 그런 다음, 듣고 따라 말하면서 문장을 외우세요.

0781 There is a c____________ on the table.
탁자 위에 양초가 있다.

0782 According to the g____________, the cheetah is the fastest animal.
도표에 따르면 치타가 가장 빠른 동물이다.

0783 You know, modern t____________ is changing the world.
알다시피, 현대 기술은 세상을 변화시키고 있다.

0784 This book is h____________ to your study.
이 책은 네 연구에 도움이 된다.

0785 I a____________ at your performance.
나는 네 연기에 감탄한다.

0786 Let me i____________ myself.
저를 소개하겠습니다.

0787 I didn't r____________ how important it was to you.
난 그것이 너에게 얼마나 중요한 일인지 깨닫지 못했다.

0788 I o____________ed an orange juice and a sandwich.
나는 오렌지 주스와 샌드위치를 주문했다.

0789 The old man supported himself with a s____________.
노인은 지팡이에 몸을 의지했다.

0790 I don't know the origin of the p____________ bank.
나는 돼지 저금통의 기원을 모른다.

필수 숙어

235 refer to ~ ~을 가리키다
The numbers refer to page numbers. 숫자들은 페이지 번호를 가리킨다.

236 reflect on ~ ~에 대해 생각하다
I reflected on the past ten years of my life. 나는 내 인생의 지난 10년을 가만히 되새겨 보았다.

237 remind A of B A에게 B를 생각나게 하다
You remind me of my brother. 너는 나에게 내 남동생이 생각나게 한다.

____학년 ______반 이름 ______________

DAY 40 Word Test 0791–0800

년 월 일 | 맞힌 단어수 ◯◯ / 10

단어와 뜻을 듣고 빈칸에 단어를 넣어 문장을 완성하세요. 그런 다음, 듣고 따라 말하면서 문장을 외우세요.

0791 We didn't have a c______________ to talk.
우리는 이야기할 기회가 없었다.

0792 I am not satisfied with the customer s______________.
고객 서비스가 만족스럽지 않다.

0793 A t______________ is covered with a hard shell.
바다거북은 단단한 껍질로 덮여 있다.

0794 I'm a little n______________.
나는 조금 긴장된다.

0795 I have to a______________ a seminar tomorrow morning.
나는 내일 아침에 세미나에 참석해야 한다.

0796 It is very kind of you to l______________ me the book.
책을 빌려 주셔서 대단히 고맙습니다.

0797 We need to s______________ energy.
우리는 에너지를 절약할 필요가 있다.

0798 I moved the chair back to its usual p______________.
나는 그 의자를 늘 있던 위치로 다시 옮겨 놓았다.

0799 We need v______________s to help children learn to read and write.
우리는 아이들이 읽고 쓰는 것을 배우도록 도와줄 자원봉사자들이 필요하다.

0800 It spread t______________ the country.
그것은 나라 도처에 퍼졌다.

필수 숙어

238 right away 곧바로
Would you be able to start working right away? 곧바로 일을 시작할 수 있습니까?

239 right now 지금 당장
I don't need any help right now. 당장 도움이 필요한 건 아니다.

240 rob A of B A에게서 B를 빼앗다
They robbed him of his farm. 그들은 그에게서 농장을 빼앗았다.

DAY 41 0801-0810

____학년 ______반 이름 ____________

년 월 일 | 암기 단어수 ◯◯ / 10

단어의 발음과 뜻을 듣고 따라 말하면서 6회 써 보세요.

0801

adult* [ədʌ́lt]
명 어른, 성인

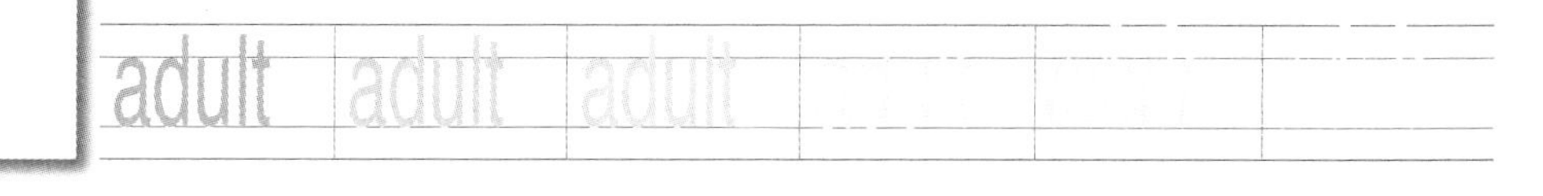

adult adult adult

0802

ignore* [ignɔ́ːr]
동 무시하다

ignore ignore ignore

0803

soil [sɔ́il]
명 흙, 땅

soil soil soil

0804

positive** [pázətiv]
형 긍정적인, 양성의

positive positive positive

0805

twice [twáis]
부 두 번, 두 배로

twice twice twice

0806

divide* [diváid]
동 나누다, 분열시키다

divide divide divide

0807

cross [krɔ́ːs]
동 건너다, 가로지르다

cross cross cross

0808

level [lévəl]
명 정도, 수준

level level level

0809

scare* [skέər]
동 겁나게 하다

scare scare scare

0810

comic [kámik]
형 웃기는, 희극의

comic comic comic

DAY 41 0811-0820

단어의 발음과 뜻을 듣고 따라 말하면서 6회 써 보세요.

0811

character*
[kǽriktər]
명 성격, 특징

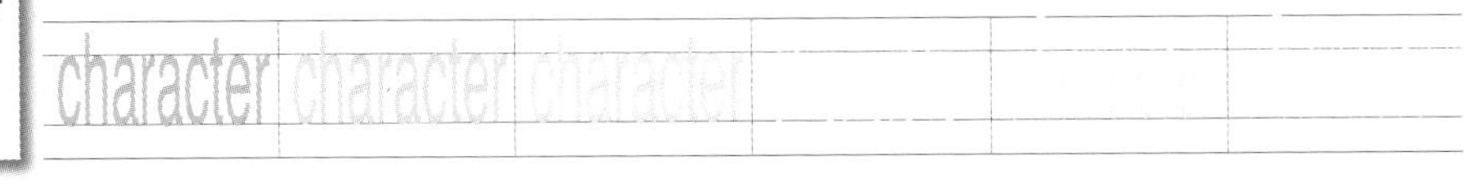

0812

net
[nét]
명 그물, 네트

0813

teenager
[tíːnèidʒər]
명 십대

0814

sunny
[sʌ́ni]
형 양지 바른

0815

attract**
[ətrǽkt]
동 끌다, 유인하다

0816

invent*
[invént]
동 발명하다

0817

float
[flóut]
동 뜨다, 띄우다

0818

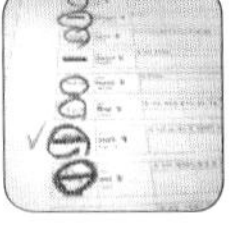

mark
[mɑ́ːrk]
명 흔적, 표, 점수

0819

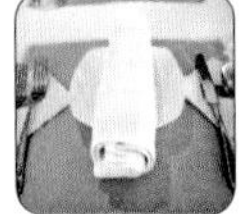

set
[sét]
동 놓다, 배치하다

0820

still
[stíl]
부 아직, 여전히

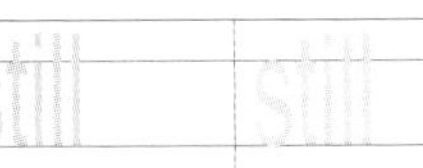

DAY 41 Word Test 0801-0810

년 월 일 | 맞힌 단어수 ◯◯/ 10

단어와 뜻을 듣고 빈칸에 단어를 넣어 문장을 완성하세요. 그런 다음, 듣고 따라 말하면서 문장을 외우세요.

0801 Children eight and under must be accompanied by an a______________.
8세 이하의 어린이들은 어른과 동반해야 한다.

0802 They just i______________ his yelling and crying.
그들은 그가 소리치고 울어도 그냥 무시한다.

0803 Cover the seeds with a thin layer of s______________.
씨 위에 살짝 흙을 덮어 주어라.

0804 People who live long often have a p______________ attitude.
오래 사는 사람들은 보통 긍정적인 태도를 갖고 있다.

0805 She did not need to be told t______________.
그녀에게는 두 번 말할 필요가 없었다.

0806 If you d______________ six into thirty, you get five.
30을 6으로 나누면 5가 된다.

0807 You should be careful when you c______________ the street.
너는 길을 건널 때 조심해야 한다.

0808 He showed a high l______________ of achievement.
그는 높은 성취 수준을 보였다.

0809 Sorry, I didn't mean to s______________ you.
미안해, 겁주려는 건 아니었어.

0810 He is a famous c______________ actor.
그는 유명한 희극 배우이다.

필수 숙어

241 roll over 구르다
He cannot roll over many times in this room. 그는 이 방에서 여러 번 구를 수 없다.

242 run away from ~ ~를 피해 도망가다
She ran away from her teacher. 그녀는 그녀의 선생님을 피해 도망갔다.

243 run for ~ ~에 출마하다
I don't know that he can run for President. 나는 그가 대통령 선거에 출마할 수 있을지 모르겠다.

____학년 ______반 이름 ______________

DAY 41 Word Test 0811-0820

년 월 일 | 맞힌 단어수 ◯◯ / 10

단어와 뜻을 듣고 빈칸에 단어를 넣어 문장을 완성하세요. 그런 다음, 듣고 따라 말하면서 문장을 외우세요.

0811 We know her c______________.
우리는 그녀의 성격을 알고 있다.

0812 He takes fish in a n______________.
그는 그물로 물고기를 잡는다.

0813 I had a lot of pimples when I was a t______________.
나는 십대였을 때 여드름이 많았다.

0814 On Friday, we will have a s______________ day with clear skies.
금요일에는 맑은 하늘에 햇볕이 들겠습니다.

0815 She was trying to a______________ the child's attention.
그녀는 그 아이의 주의를 끌려고 애쓰고 있었다.

0816 He will i______________ a cleaning robot.
그는 청소용 로봇을 발명할 것이다.

0817 Clouds f______________ in the sky.
하늘에 구름이 떠 있다.

0818 This m______________ on the map represents a subway station.
지도상의 이 표시는 전철역을 나타낸다.

0819 We need to s______________ a guard at the gate.
우리는 정문에 경비원을 배치할 필요가 있다.

0820 He is s______________ waiting in front of the library.
그는 아직 도서관 앞에서 기다리고 있다.

필수 숙어

244 say to oneself 혼잣말하다
He says to himself that she is very pretty. 그는 그녀가 매우 예쁘다고 혼잣말을 한다.

245 scare ~ away 겁을 줘서 ~를 쫓아내다
They scared the child away. 그들은 겁을 줘서 그 아이를 쫓아냈다.

246 show off ~ ~를 자랑하다
She wanted to show off her son at the meeting. 그녀는 그 모임에서 아들을 자랑하고 싶어 했다.

DAY 42 0821-0830

___학년 ___반 이름 ______

년 월 일 | 암기 단어수 ◯◯ / 10

단어의 발음과 뜻을 듣고 따라 말하면서 6회 써 보세요.

0821

expression
[ikspréʃən]
명 표현, 표정

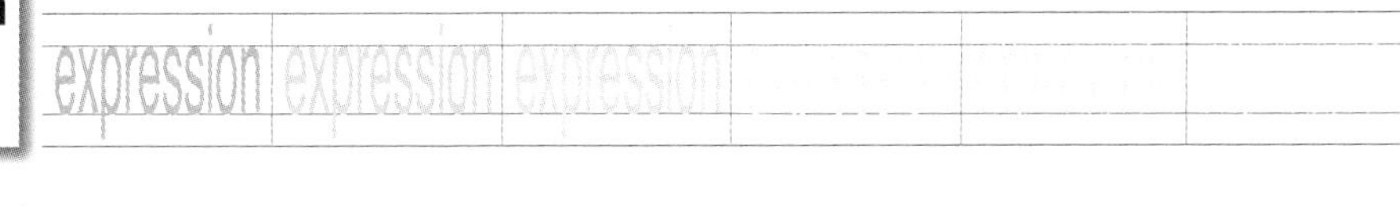
expression expression expression

0822
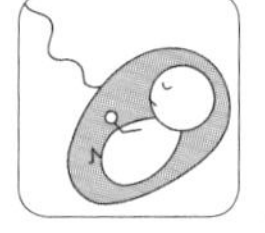
origin*
[ɔ́ːrədʒin]
명 기원, 출신

origin origin origin

0823
wallet
[wάlit]
명 지갑

wallet wallet wallet

0824
wooden
[wúdn]
형 나무로 된

wooden wooden wooden

0825

bored**
[bɔ́ːrd]
형 지루해 하는

bored bored bored

0826
protect*
[prətékt]
동 보호하다, 지키다

protect protect protect

0827

fry
[frái]
동 기름에 튀기다

fry fry fry

0828

reason*
[ríːzn]
명 이유, 근거, 이성

reason reason reason

0829

sign
[sáin]
명 징후, 표지판, 기호

sign sign sign

0830

tight**
[táit]
형 단단한, 꽉 조이는

tight tight tight

____학년 ______반 이름 ____________

0831-0840

년 월 일 | 암기 단어수 ◯◯ / 10

단어의 발음과 뜻을 듣고 따라 말하면서 6회 써 보세요.

0831

hero
[híərou]
명 영웅, 남자 주인공

0832

pilot
[páilət]
명 비행기 조종사

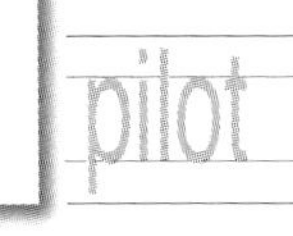

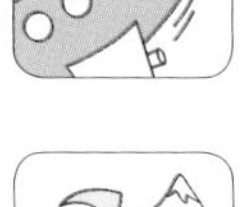

0833
merry
[méri]
형 즐거운, 명랑한

0834

ever
[évər]
부 언젠가, 일찍이

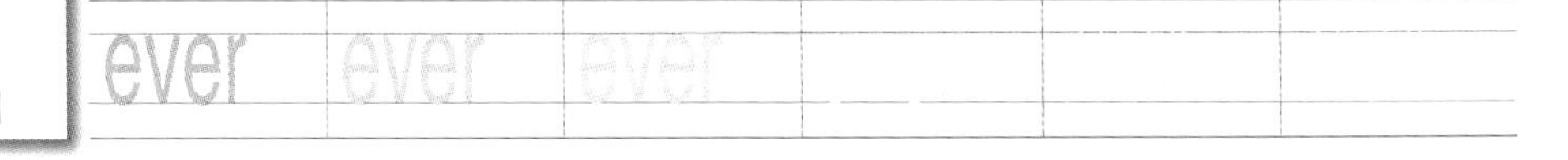

0835

develop*
[divéləp]
동 발달시키다

0836

amount*
[əmáunt]
명 총액, 총계

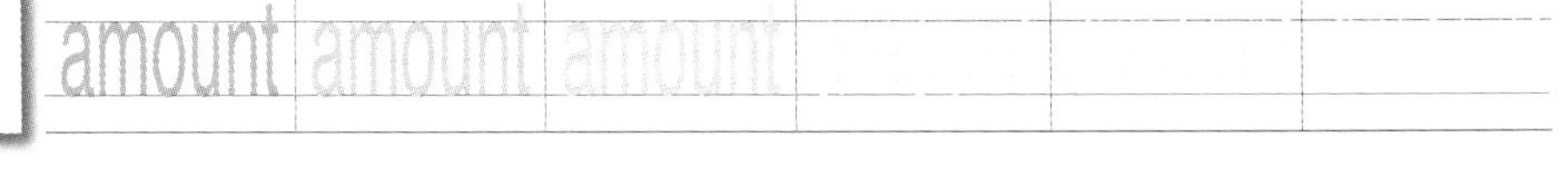

0837

ground*
[gráund]
명 지면, 땅

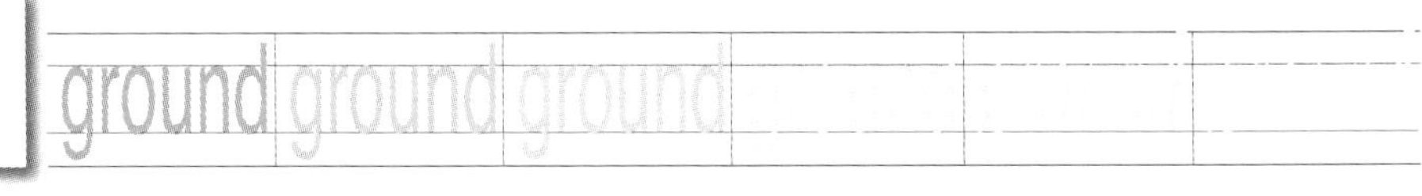

0838

return
[ritə́:rn]
동 돌아가다, 돌려주다

0839

capital*
[kǽpətl]
명 수도, 자본, 대문자

0840

below
[bilóu]
부 아래에, 아래로

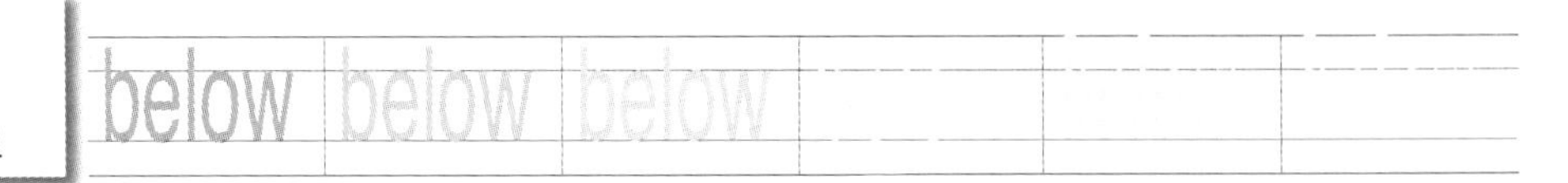

0821-0830

년 월 일 | 맞힌 단어수 ◯◯/ 10

단어와 뜻을 듣고 빈칸에 단어를 넣어 문장을 완성하세요. 그런 다음, 듣고 따라 말하면서 문장을 외우세요.

0821 I don't know if it is a bad e______________ or not.
나는 그게 나쁜 표현인지 아닌지 모르겠다.

0822 There are a variety of views about its o______________.
그 기원에 관해서는 여러 가지 견해가 있다.

0823 Did you find your w______________?
너는 지갑을 찾았니?

0824 This is a w______________ desk.
이것은 나무로 된 책상이다.

0825 I just feel b______________ these days.
나는 그냥 요즘 지루하다.

0826 We have to p______________ ourselves.
우리는 자신을 보호해야 한다.

0827 F______________ the doughnuts for two minutes.
도넛을 2분 동안 튀겨라.

0828 She may know the r______________ for doing so.
그녀는 그렇게 하는 이유를 알지도 모른다.

0829 This s______________ means "stop."
이 표지판은 '정지'를 뜻한다.

0830 This dress is t______________ around the waist.
이 드레스는 허리 둘레가 꽉 조인다.

필수 숙어

247 show up 나타나다
She didn't show up in this classroom. 그녀는 이 교실에 나타나지 않았다.

248 similar to ~ ~과 비슷한
It is similar to my vacation plan. 그것은 나의 방학 계획과 비슷하다.

249 sit around doing nothing 아무것도 하지 않고 빈둥거리다
My mother thinks I sit around doing nothing. 어머니는 내가 아무것도 하지 않고 빈둥거린다고 생각하신다.

___학년 ______반 이름 ____________

DAY 42 Word Test 0831-0840

년 월 일 | 맞힌 단어수 ◯◯/ 10

단어와 뜻을 듣고 빈칸에 단어를 넣어 문장을 완성하세요. 그런 다음, 듣고 따라 말하면서 문장을 외우세요.

0831 He was my h____________.
그는 나의 영웅이었다.

0832 I'd like to grow up to be a p____________.
나는 커서 비행기 조종사가 되고 싶다.

0833 We had a m____________ time at the party last night.
우리는 어젯밤 파티에서 즐거운 시간을 보냈다.

0834 Shall we e____________ meet again?
언젠가 우리 다시 만날 수 있을까?

0835 Scientists d____________ new products in the laboratory.
과학자들은 연구실에서 신제품을 개발한다.

0836 The a____________ of the loss is said to be 8,000 dollars.
손실액은 8천 달러라고 한다.

0837 The g____________ is wet from the rain.
비가 와서 땅이 젖어 있다.

0838 I will r____________ it to you.
그것을 당신에게 돌려주겠다.

0839 Paris is the c____________ of France.
Paris는 France의 수도이다.

0840 Look b____________!
아래로 봐!

필수 숙어

250 sit up straight 허리를 곧게 펴고 앉다
Sit up straight and put your hands up. 허리를 곧게 펴고 앉아 양손을 들어라.

251 slow down (속도 · 진행을) 늦추다
You have to slow down in this area. 당신은 이 지역에서 속도를 늦춰야 한다.

252 soak up ~ ~을 흡수하다, ~을 빨아들이다
The sponge soaked up water from the sink. 스펀지가 싱크대의 물을 흡수했다.

DAY 43 0841-0850

___학년 ___반 이름 ______

년 월 일 | 암기 단어수 ◯◯/ 10

단어의 발음과 뜻을 듣고 따라 말하면서 6회 써 보세요.

0841

adventure
[ædvéntʃər]
명 모험

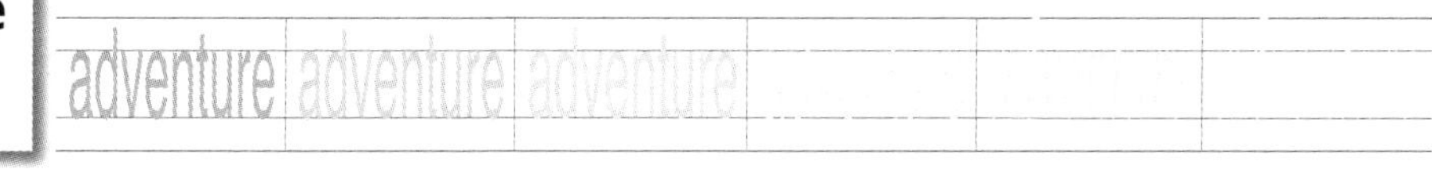

adventure adventure adventure

0842

fact*
[fǽkt]
명 사실, 실상

fact fact fact

0843

newspaper
[njú:zpèipər]
명 신문, 신문지

newspaper newspaper newspaper

0844

temperature*
[témpərətʃər]
명 온도, 기온

temperature temperature temperature

0845

everything
[évriθiŋ]
명 모든 것, 모두, 전부

everything everything everything

0846

recent*
[rí:snt]
형 최근의

recent recent recent

0847

strange
[stréindʒ]
형 이상한, 낯선

strange strange strange

0848

imagine*
[imǽdʒin]
동 상상하다

imagine imagine imagine

0849

flood*
[flʌ́d]
명 홍수

flood flood flood

0850

review
[rivjú:]
명 복습, 재검토

review review review

학년 반 이름

DAY 43 0851-0860

년 월 일 | 암기 단어수 / 10

단어의 발음과 뜻을 듣고 따라 말하면서 6회 써 보세요.

0851

bench
[béntʃ]
명 긴 의자, 벤치

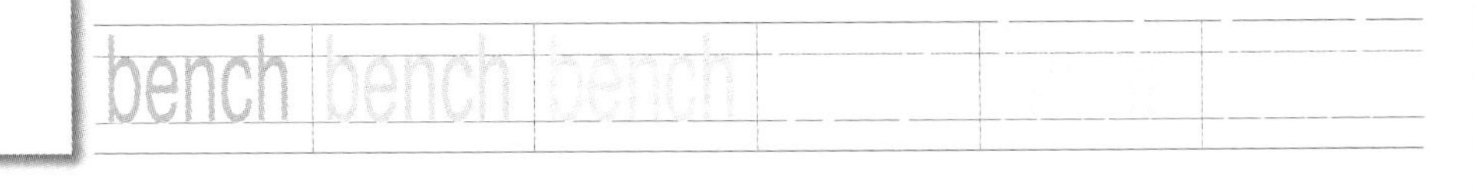

bench bench bench

0852

history*
[hístəri]
명 역사, 이력

history history history

0853

pine
[páin]
명 소나무, 솔

pine pine pine

0854

twin
[twín]
명 쌍둥이 중의 한 명

twin twin twin

0855

common*
[kámən]
형 흔한, 공통의

common common common

0856

scared**
[skɛ́ərd]
형 무서워하는, 겁먹은

scared scared scared

0857

anymore
[ènimɔ́:r]
부 더 이상 ~ 않다

anymore anymore anymore

0858

marry
[mǽri]
동 ~와 결혼하다

marry marry marry

0859
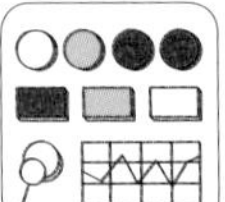

function*
[fʌ́ŋkʃən]
명 기능, 작용

function function function

0860

title
[táitl]
명 제목, 직함

title title title

____학년 ______반 이름 ______________

DAY 43 Word Test 0841-0850

년 월 일 | 맞힌 단어수 ◯◯/ 10

단어와 뜻을 듣고 빈칸에 단어를 넣어 문장을 완성하세요. 그런 다음, 듣고 따라 말하면서 문장을 외우세요.

0841 I wanted to share the a______________ .
나는 그 모험을 공유하고 싶었다.

0842 This f______________ shows his honesty.
이 사실은 그의 정직함을 보여 준다.

0843 I write a column for a n______________ .
나는 신문에 칼럼을 쓴다.

0844 Water boils at a certain t______________ .
물은 일정한 온도에서 끓는다.

0845 You are e______________ to me.
당신은 나에게 전부이다.

0846 Here are some r______________ photos.
이것이 최근의 사진들이다.

0847 A s______________ noise broke her sleep.
이상한 소리에 그녀는 잠이 깼다.

0848 I couldn't i______________ what it was like.
나는 그것이 어땠는지 상상할 수 없었다.

0849 A bridge was washed away by the f______________ .
다리가 홍수로 유실되었다.

0850 I recommend urgent r______________ of this contract.
나는 이 계약의 긴급한 재검토를 권고한다.

필수 숙어

253 so far 지금까지
So far, this is only a plan. 지금까지 이것은 계획에 불과하다.

254 sound like ~ ~처럼 들리다
You sound like you need a rest. 너는 휴식이 필요한 것처럼 들린다.

255 stand on one's head 물구나무서다
I can stand on my head on the table. 나는 그 탁자 위에서 물구나무설 수 있다.

Word Test 0851-0860

년 월 일 | 맞힌 단어수 ◯◯/ 10

단어와 뜻을 듣고 빈칸에 단어를 넣어 문장을 완성하세요. 그런 다음, 듣고 따라 말하면서 문장을 외우세요.

0851 He spent ten minutes on the b______________.
그는 벤치에 앉아서 10분을 보냈다.

0852 The teacher taught us h______________.
선생님은 우리에게 역사를 가르쳤다.

0853 The hill has a p______________ forest.
그 언덕에는 소나무 숲이 있다.

0854 I can tell one t______________ from another.
나는 쌍둥이를 서로 구분할 수 있다.

0855 That is the c______________ opinion of all.
그것이 모든 사람의 공통적인 의견이다.

0856 They are s______________ by the storm.
그들은 폭풍우에 겁먹었다.

0857 He doesn't live here a______________.
그는 더 이상 여기에 살지 않는다.

0858 She decided to m______________ him on love, not money.
그녀는 돈이 아니라 사랑 때문에 그와 결혼하기로 결정했다.

0859 Tell me about the f______________ of this machine.
이 기계의 기능에 대해 알려 주세요.

0860 We still remember the t______________ of the movie.
우리는 아직 그 영화 제목을 기억하고 있다.

필수 숙어

256 stay on top of ~ ~을 잘 해내다, ~을 꿰뚫다
My father thought that I would stay on top of the work. 나의 아버지는 내가 그 일을 잘 해내리라고 생각하셨다.

257 stay up (잠자지 않고) 깨어 있다
Can you stay up late tonight? 너는 오늘밤 늦게까지 깨어 있을 수 있니?

258 step back 뒤로 물러나다
I stepped back and thought about the situation. 나는 뒤로 물러나서 그 상황에 대해 생각했다.

0861-0870

____학년 ______반 이름 ____________

년 월 일 | 암기 단어수 ◯◯ / 10

단어의 발음과 뜻을 듣고 따라 말하면서 6회 써 보세요.

0861

captain
[kǽptən]
명 선장, 주장

captain captain captain

0862

island
[áilənd]
명 섬

island island island

0863

solution**
[səlúːʃən]
명 해결, 해결책

solution solution solution

0864

waste
[wéist]
명 낭비, 쓰레기

waste waste waste

0865

possible
[pásəbl]
형 가능한, 있을 수 있는

possible possible possible

0866

several
[sévərəl]
형 몇몇의

several several several

0867

during
[djúəriŋ]
전 ~ 동안

during during during

0868

cheer*
[tʃíər]
명 환호, 응원

cheer cheer cheer

0869

guard
[gáːrd]
명 경계, 경비원

guard guard guard

0870

background
[bǽkgràund]
명 배경

background background background

DAY 44 0871-0880

년 월 일 | 암기 단어수 ◯◯ / 10

단어의 발음과 뜻을 듣고 따라 말하면서 6회 써 보세요.

0871

dialog(ue)
[dáiəlɔ̀(:)g]
명 대화

dialog dialog dialog

0872

message*
[mésidʒ]
명 전갈, 메시지

message message message

0873

sunshine*
[sʌ́nʃàin]
명 햇빛, 햇살

sunshine sunshine sunshine

0874

worm
[wə́:rm]
명 벌레

worm worm worm

0875

proud*
[práud]
형 자랑스러워하는

proud proud proud

0876

similar**
[símələr]
형 비슷한, 유사한

similar similar similar

0877

borrow*
[bárou]
동 빌리다, 차용하다

borrow borrow borrow

0878

crowd*
[kráud]
동 군집하다, 꽉 들어차다

crowd crowd crowd

0879

lie**
[lái]
동 눕다, 있다, 거짓말하다

lie lie lie

0880

own
[óun]
형 ~ 자신의, 직접 ~한

own own own

0861-0870

년 월 일 | 맞힌 단어수 ◯◯/ 10

단어와 뜻을 듣고 빈칸에 단어를 넣어 문장을 완성하세요. 그런 다음, 듣고 따라 말하면서 문장을 외우세요.

0861 This is the c______________ of our ship.
이 사람은 우리 배의 선장이다.

0862 The airplane landed on a small i______________.
비행기는 작은 섬에 착륙했다.

0863 Honesty is the best s______________.
정직이 최선의 해결책이다.

0864 This is a w______________ of time.
이것은 시간 낭비이다.

0865 That may not be p______________.
그것은 가능하지 않을지도 모른다.

0866 There are s______________ ways to do the same thing.
같은 일을 하는 몇몇의 방법이 있다.

0867 I am going abroad d______________ the holidays.
나는 휴일 동안 외국에 갈 예정이다.

0868 He waved his hands to respond to the c______________s.
그는 환호에 답하기 위해 손을 흔들었다.

0869 The g______________ will check your pass.
경비원이 네 통행증을 확인할 것이다.

0870 You need to understand the b______________ to this case.
너는 이 사건의 배경을 이해할 필요가 있다.

필수 숙어

259 step forward 앞으로 나아가다
He stepped forward to throw a ball. 그는 볼을 던지기 위해 앞으로 나아갔다.

260 stick out 눈에 띄다, 내밀다
She sticks out in the school uniform. 그녀는 교복을 입어서 눈에 띈다.

261 stop A from -ing A로 하여금 ~을 못하게 하다
I could stop her from entering the room. 나는 그녀가 그 방에 들어가는 것을 막을 수 있었다.

DAY 44 Word Test 0871-0880

년 월 일 | 맞힌 단어수 ◯◯ / 10

단어와 뜻을 듣고 빈칸에 단어를 넣어 문장을 완성하세요. 그런 다음, 듣고 따라 말하면서 문장을 외우세요.

0871 Let's make up a d______________ and practice.
대화를 완성하여 연습해 봅시다.

0872 Let me leave a m______________.
메시지를 남길게요.

0873 I learned that a mirror reflects s______________.
나는 거울이 햇빛을 반사한다는 것을 배웠다.

0874 The early bird catches the w______________.
일찍 일어나는 새가 벌레를 잡는다.

0875 He is p______________ of his honesty.
그는 자신의 정직함을 자랑스러워한다.

0876 We have s______________ opinions about the problem.
우리는 그 문제에 관해 비슷한 견해를 가지고 있다.

0877 I forgot b______________ing his pen in the math class.
나는 수학 시간에 그의 펜을 빌린 것을 잊어버렸다.

0878 The room is c______________ed with people.
그 방은 사람들로 꽉 들어차 있다.

0879 Go to your room and l______________ down for a while.
네 방에 가서 잠시 누워 있어라.

0880 It is his o______________ idea.
그것은 그 자신의 생각이다.

필수 숙어

262 stop to ~ ~하기 위하여 멈추다
She stopped to drink some water. 그녀는 물을 마시기 위해 멈췄다.

263 such as 예를 들어 ~과 같은
My uncle likes fruits, such as apples, grapes, and bananas. 나의 삼촌은 사과, 포도, 바나나 같은 과일을 좋아하신다.

264 take a shortcut 지름길로 가다
You must take a shortcut to arrive early. 너는 일찍 도착하기 위해서 지름길로 가야 한다.

0881-0890

___학년 ___반 이름 ___

년 월 일 | 암기 단어수 ◯◯ / 10

단어의 발음과 뜻을 듣고 따라 말하면서 6회 써 보세요.

0881

backpack
[bǽkpæ̀k]
명 배낭, 져 나르는 짐

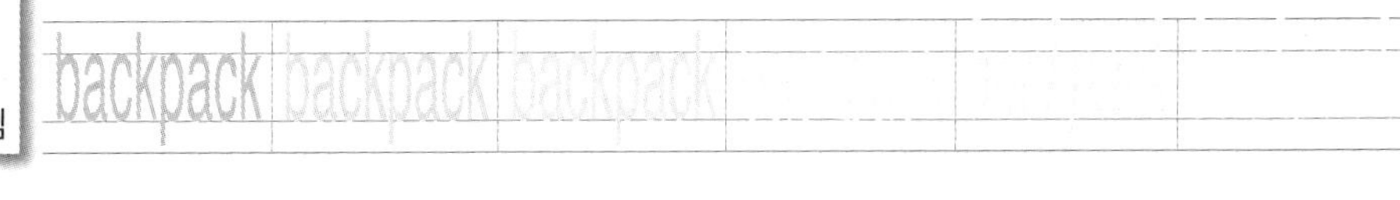

0882

effect*
[ifékt]
명 영향, 결과, 효과

effect effect effect

0883
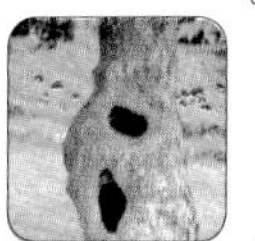
hole
[hóul]
명 구멍, 틈, 허점

hole hole hole

0884

owner
[óunər]
명 주인, 소유자

owner owner owner

0885

temple
[témpl]
명 신전, 절, 사원

temple temple temple

0886

super
[sú:pər]
형 대단한, 굉장히 좋은

super super super

0887

communicate
[kəmjú:nəkèit]
동 의사소통하다

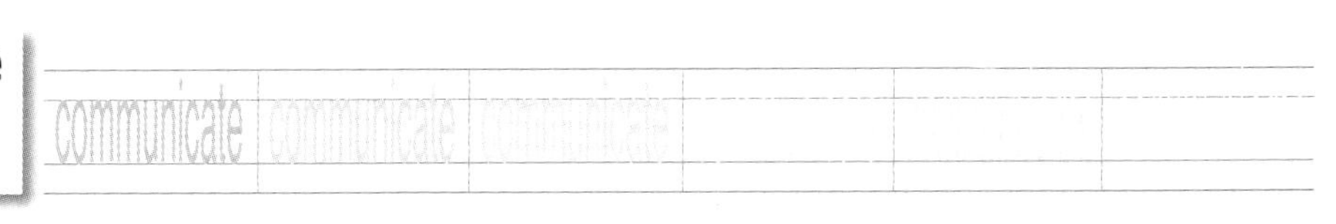

0888

bother*
[báðər]
동 괴롭히다, 귀찮게 하다

bother bother bother

0889

mask
[mǽsk]
명 마스크, 가면

mask mask mask

0890

shadow**
[ʃǽdou]
명 그림자, 그늘

shadow shadow shadow

DAY 45 0891-0900

단어의 발음과 뜻을 듣고 따라 말하면서 6회 써 보세요.

0891

choice**
[tʃɔ́is]
명 선택

0892

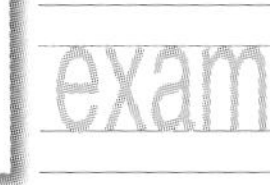

exam
[igzǽm]
명 시험, 검사

0893

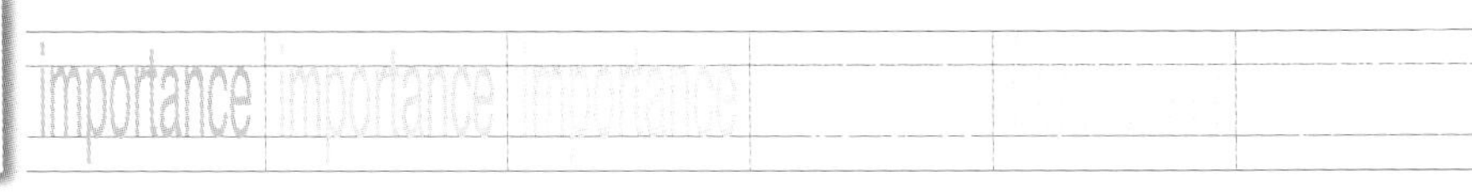

importance*
[impɔ́ːrtəns]
명 중요성

0894

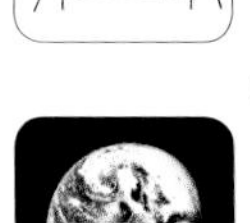

planet
[plǽnit]
명 행성

0895

topic
[tápik]
명 화제, 주제

0896

anytime
[énitàim]
부 언제든지, 언제나

0897

fail*
[féil]
동 실패하다, 낙제하다

0898

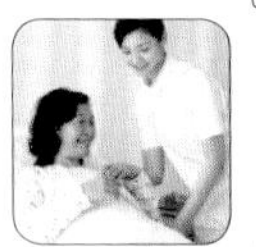

care*
[kέər]
명 돌봄, 걱정

0899

mind**
[máind]
명 마음, 정신

0900

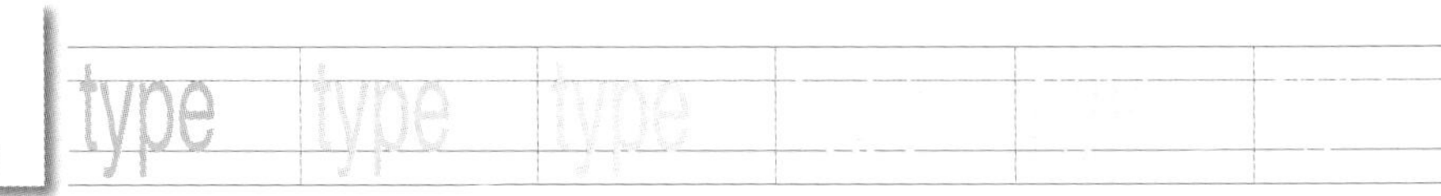

type
[táip]
명 형태, 종류, 활자

____학년 ______반 이름 ______________

DAY 45 Word Test 0881-0890

년 월 일 | 맞힌 단어수 ◯◯ / 10

단어와 뜻을 듣고 빈칸에 단어를 넣어 문장을 완성하세요. 그런 다음, 듣고 따라 말하면서 문장을 외우세요.

0881 She promised to lend me her b________________.
그녀는 나에게 그녀의 배낭을 빌려주기로 약속했다.

0882 This pill has little e________________ on him.
이 알약은 그에게 효과가 별로 없다.

0883 He drilled a h________________ for the screw.
그는 드릴로 나사 구멍을 뚫었다.

0884 The o________________ of this bakery is very handsome.
이 빵집의 주인은 매우 잘생겼다.

0885 I stayed at a t________________ in the mountains.
나는 산속의 절에 머물렀다.

0886 She did a s________________ job.
그녀는 대단한 일을 했다.

0887 The best method is to c________________ your idea.
가장 좋은 방법은 너의 생각을 전하는 것이다.

0888 My mother is cooking now. Don't b________________ her.
나의 어머니는 지금 요리를 하고 계신다. 그녀를 귀찮게 하지 마라.

0889 Korean traditional m________________s are displayed in the museum.
박물관에 한국 전통 가면들이 전시되어 있다.

0890 I will follow you like a s________________.
나는 그림자처럼 너를 따라다닐 것이다.

필수 숙어

265 take A to B A를 B로 데려가다
My friend took me to the party. 나의 친구는 나를 그 파티에 데려갔다.

266 take a trip 여행 가다
I'll take a trip to Europe this weekend. 나는 이번 주말에 Europe으로 여행을 갈 것이다.

267 take care of ~ ~를 돌보다
She will take care of my daughter. 그녀가 나의 딸을 돌볼 것이다.

____학년 ______반 이름 ______________

DAY 45 Word Test 0891-0900

년 월 일 | 맞힌 단어수 ◯◯ / 10

단어와 뜻을 듣고 빈칸에 단어를 넣어 문장을 완성하세요. 그런 다음, 듣고 따라 말하면서 문장을 외우세요.

0891 She always respects my c______________.
그녀는 항상 나의 선택을 존중한다.

0892 I had a science e______________ yesterday at school.
나는 어제 학교에서 과학 시험을 봤다.

0893 We learned about the i______________ of love.
우리는 사랑의 중요성에 대해 배웠다.

0894 This scientist discovered a new p______________.
이 과학자는 새로운 행성을 발견했다.

0895 I don't know the t______________ of this meeting.
나는 이 회의의 주제를 모른다.

0896 I'll go to the movies a______________.
나는 언제든지 영화를 보러 갈 것이다.

0897 Though we may f______________, we must do it.
비록 실패할지라도, 우리는 그것을 해야 한다.

0898 I will take c______________ of your children while you're away.
네가 없는 동안 내가 네 아이들을 돌볼게.

0899 He looks tough but he has a tender m______________.
그는 거칠어 보이지만 부드러운 마음을 가지고 있다.

0900 There are many t______________s of fish in the sea.
바다에는 많은 종류의 물고기가 있다.

필수 숙어

268 take in ~ ~을 흡수하다, ~을 받아들이다, ~을 이해하다
It takes in dust well. 그것은 먼지를 잘 흡수한다.

269 take it easy 편히 생각하다, 여유 있게 하다
You don't have to hurry up. Take it easy. 너는 서두를 필요가 없다. 여유 있게 해라.

270 take off 이륙하다
The flight will take off on time. 그 비행기는 제시간에 이륙할 것이다.

DAY 46 0901-0910

____학년 ______반 이름 ____________

년 월 일 | 암기 단어수 ◯◯ / 10

단어의 발음과 뜻을 듣고 따라 말하면서 6회 써 보세요.

0901

culture*
[kʌ́ltʃər]
㊔ 문화, 교양, 세련

culture culture culture

0902

flour
[fláuər]
㊔ 가루, 밀가루

flour flour flour

0903
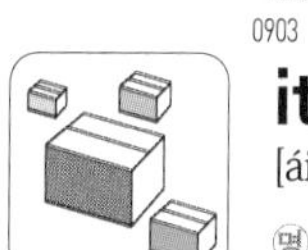

item
[áitəm]
㊔ 항목, 물품

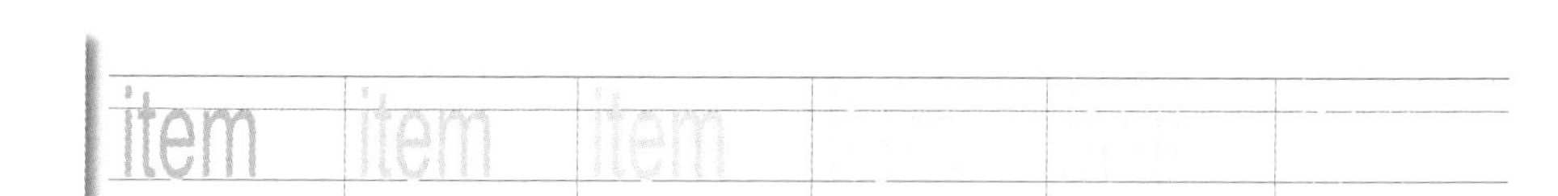

item item item

0904

recipe
[résəpì]
㊔ 조리법, 요리법

recipe recipe recipe

0905

scary*
[skέəri]
㊒ 무서운, 겁나는

scary scary scary

0906

beside
[bisáid]
㊃ 옆에, ~에 비해

beside beside beside

0907

provide**
[prəváid]
㊕ 주다, 공급하다

provide provide provide

0908

gain*
[géin]
㊔ 증가, 이익

gain gain gain

0909

power
[páuər]
㊔ 힘, 세력, 능력

power power power

0910

wave
[wéiv]
㊕ 흔들다, 손짓하다

wave wave wave

단어의 발음과 뜻을 듣고 따라 말하면서 6회 써 보세요.

0911

diary
[dáiəri]
명 수첩, 일기

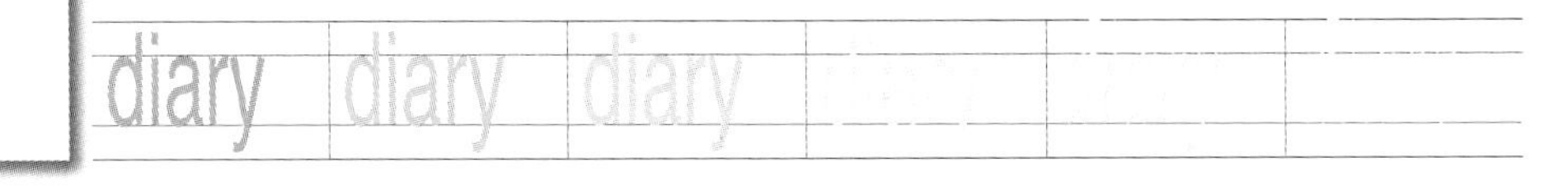

0912

guest
[gést]
명 손님, 하객, 내빈

guest guest guest

0913

nickname
[níknèim]
명 별명

nickname nickname nickname

0914

stranger
[stréindʒər]
명 낯선 사람

stranger stranger stranger

0915

simple*
[símpl]
형 간단한, 단순한

simple simple simple

0916

advertise*
[ǽdvərtàiz]
동 광고하다

advertise advertise advertise

0917

solve**
[sálv]
동 풀다, 해결하다

solve solve solve

0918

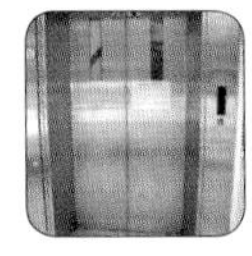

lift*
[líft]
동 올리다, 들어 올리다

lift lift lift

0919

rise*
[ráiz]
동 오르다, 일어나다

rise rise rise

0920

wrap
[rǽp]
동 싸다, 포장하다

wrap wrap wrap

____학년 ______반 이름 ____________

DAY 46 # Word Test 0901-0910

년 월 일 | 맞힌 단어수 ◯◯ / 10

단어와 뜻을 듣고 빈칸에 단어를 넣어 문장을 완성하세요. 그런 다음, 듣고 따라 말하면서 문장을 외우세요.

0901 We should learn about a different c______________.
우리는 다른 문화에 대해 배워야 한다.

0902 Add sugar to f______________ and stir well.
밀가루에 설탕을 첨가해서 잘 휘저어라.

0903 She has a question about this i______________.
그녀는 이 항목에 대해 질문이 있다.

0904 Do you remember the r______________?
너는 그 조리법을 기억하니?

0905 This is a s______________ horror novel that I read.
이것은 내가 읽은 무서운 공포 소설이다.

0906 He is standing b______________ the bus.
그는 버스 옆에 서 있다.

0907 I can't p______________ her with a lot of food.
나는 그녀에게 많은 음식을 공급할 수 없다.

0908 This school is operating only for g______________.
이 학교는 오로지 이익을 위해서만 운영되고 있다.

0909 She thinks that knowledge is p______________.
그녀는 지식이 힘이라고 생각한다.

0910 She w______________d her hands wildly.
그녀는 세차게 손을 흔들었다.

필수 숙어

271 take out ~ ~을 꺼내다
Take out your book and read it loudly. 너의 책을 꺼내서 큰 소리로 읽어라.

272 take part in ~ ~에 참여하다
I'll take part in the next meeting. 나는 다음 모임에 참여할 것이다.

273 take shape 모양을 갖추다
The organization is taking shape now. 그 조직은 이제 모양을 갖춰 가고 있다.

____학년 ______반 이름 ______________

DAY 46 Word Test 0911-0920

년 월 일 | 맞힌 단어수 ◯◯ / 10

단어와 뜻을 듣고 빈칸에 단어를 넣어 문장을 완성하세요. 그런 다음, 듣고 따라 말하면서 문장을 외우세요.

0911 I keep a d______________ every day.
나는 매일 일기를 쓴다.

0912 We are waiting for the g______________.
우리는 손님을 기다리고 있는 중이다.

0913 She calls him by his n______________, "Giant."
그녀는 그를 '거인'이라는 별명으로 부른다.

0914 I received a visit from a s______________.
나는 낯선 사람의 방문을 받았다.

0915 It is very easy and s______________.
그것은 매우 쉽고 간단하다.

0916 I'm planning to a______________ my new product.
나는 나의 신상품을 광고할 계획이다.

0917 I can't s______________ the problem by myself.
나는 혼자서 그 문제를 풀 수 없다.

0918 She is unable to l______________ her bag.
그녀는 자신의 가방을 들어 올릴 수 없다.

0919 This causes the earth's temperature to r______________.
이것이 지구의 온도를 오르게 한다.

0920 W______________ all your glasses in newspaper.
너의 유리잔을 전부 신문지로 포장해라.

필수 숙어

274 take up ~ ~을 새로 시작하다
He will take up the management of the team. 그는 새로 팀을 관리하는 일을 시작할 것이다.

275 thanks for ~ ~에 대해 감사하다
Thanks for driving me to the station. 역까지 태워 줘서 고맙다.

276 thanks to ~ ~ 덕분에
Thanks to your help, I could finish the work on time. 너의 도움 덕분에 나는 일을 제시간에 끝낼 수 있었다.

0921-0930

___학년 ___반 이름 ______

년 월 일 | 암기 단어수 ◯◯ / 10

단어의 발음과 뜻을 듣고 따라 말하면서 6회 써 보세요.

0921

advice**
[ædváis]
명 충고, 조언

advice advice advice

0922

gallery
[gǽləri]
명 미술관, 관객

gallery gallery gallery

0923

playground
[pléigràund]
명 운동장, 놀이터

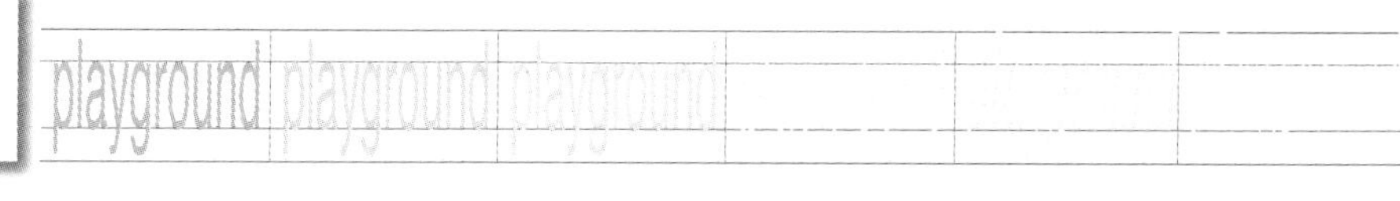
playground playground playground

0924

straw
[strɔ́ː]
명 짚, 밀짚, 빨대

straw straw straw

0925

yard
[jáːrd]
명 마당, 뜰, 야드

yard yard yard

0926

powerful*
[páuərfəl]
형 강한, 강력한

powerful powerful powerful

0927

guide
[gáid]
명 안내서, 안내인

guide guide guide

0928

shake
[ʃéik]
동 흔들다, 떨다

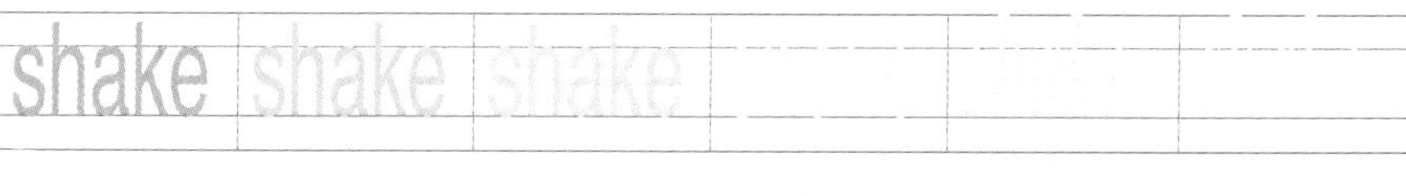
shake shake shake

0929

liquid**
[líkwid]
명 액체

liquid liquid liquid

0930

beyond
[biánd]
부 건너편에, 그 이후에

beyond beyond beyond

DAY 47 0931-0940

단어의 발음과 뜻을 듣고 따라 말하면서 6회 써 보세요.

0931

cart
[ká:rt]
명 손수레, 우마차

cart cart cart

0932

homeroom
[hóumrù(:)m]
명 홈룸

homeroom homeroom homeroom

0933

role**
[róul]
명 배역, 역할

role role role

0934

tent
[tént]
명 텐트, 천막

tent tent tent

0935

classical*
[klǽsikəl]
형 고전적인, 클래식의

classical classical classical

0936

anywhere
[énihwὲər]
부 어디에서도, 어디든

anywhere anywhere anywhere

0937

mistake*
[mistéik]
명 실수, 잘못

mistake mistake mistake

0938

support**
[səpɔ́:rt]
동 지지하다, 후원하다

support support support

0939

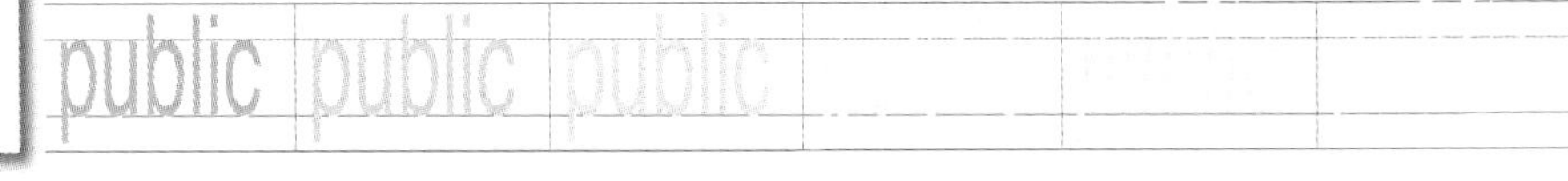

public*
[pʌ́blik]
명 일반 사람들, 대중

public public public

0940

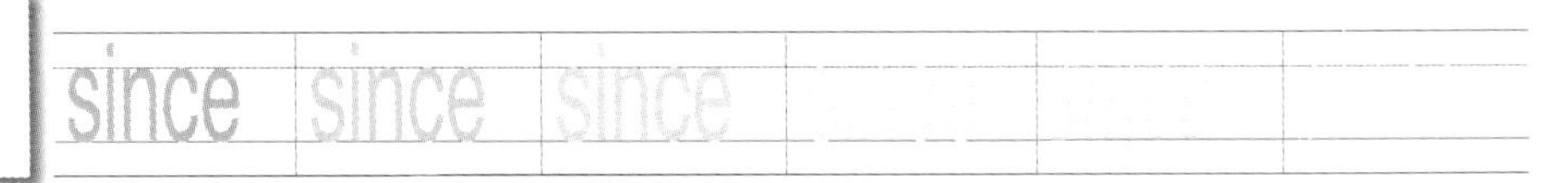

since
[síns]
부 그 이후로

since since since

____학년 ____반 이름 ________

DAY 47 Word Test 0921-0930

년 월 일 | 맞힌 단어수 ◯◯/ 10

단어와 뜻을 듣고 빈칸에 단어를 넣어 문장을 완성하세요. 그런 다음, 듣고 따라 말하면서 문장을 외우세요.

0921 I do not always follow her a________.
나는 그녀의 충고를 항상 따르지는 않는다.

0922 There are many works to see in this g________.
이 미술관에는 볼 작품이 많다.

0923 We played baseball on the p________ yesterday.
우리는 어제 운동장에서 야구를 했다.

0924 He made the roof with s________s.
그는 짚으로 지붕을 만들었다.

0925 There are many flowers in his y________.
그의 마당에는 많은 꽃들이 있다.

0926 The atomic bomb was a p________ weapon.
원자 폭탄은 강력한 무기였다.

0927 The g________ took us to the next place.
그 안내인은 우리를 다음 장소로 데려갔다.

0928 Pour the sugar in it and s________ repeatedly.
그 안에 설탕을 쏟아 넣고 반복해서 흔들어라.

0929 Her mother is pouring l________ into the box.
그녀의 어머니는 그 상자 안에 액체를 쏟아붓고 계신다.

0930 The sun is sinking b________ the western skies.
태양이 서쪽 하늘 저편으로 지고 있다.

필수 숙어

277 the minute ~ ~하자마자
She ran off the minute he arrived. 그가 도착하자마자 그녀는 달아났다.

278 these days 요즈음
It's rather cold in the morning these days. 요즈음 아침에는 좀 춥다.

279 think of A as B A를 B라고 여기다, A를 B라고 생각하다
I think of you as my best friend. 나는 너를 나의 가장 친한 친구로 생각한다.

____학년 ______반 이름 ______________

DAY 47 # Word Test 0931-0940

년 월 일 | 맞힌 단어수 ◯◯ / 10

단어와 뜻을 듣고 빈칸에 단어를 넣어 문장을 완성하세요. 그런 다음, 듣고 따라 말하면서 문장을 외우세요.

0931 He is pushing the c______________.
그는 손수레를 밀고 있다.

0932 We are discussing this topic in our h______________ class.
우리는 홈룸 시간에 이 주제를 토론하고 있다.

0933 What is your r______________ in this drama?
이 드라마에서 너의 배역은 무엇이니?

0934 I will sleep in the t______________ tomorrow.
나는 내일 텐트에서 잘 것이다.

0935 She thought I liked c______________ literature.
그녀는 내가 고전 문학을 좋아한다고 생각했다.

0936 The language can be used a______________ in the world.
그 언어는 세계 어디에서도 사용될 수 있다.

0937 I'm sorry, I made a m______________.
미안해, 내가 실수했어.

0938 I cannot s______________ your decision.
나는 너의 결정을 지지할 수 없다.

0939 This bus goes to the p______________ library.
이 버스는 공공 도서관에 간다.

0940 He left home last week and we haven't heard from him s______________.
그는 지난주에 집을 떠났고 그 이후로 우리는 그의 소식을 듣지 못했다.

필수 숙어

280 thousands of ~ 수천의 ~
Thousands of people died in the earthquake. 지진으로 인해 수천 명의 사람들이 사망했다.

281 tons of ~ 엄청 많은 ~
I have tons of work to do. 나는 할 일이 태산이다.

282 try -ing ~을 해 보다
Try restarting the computer. 컴퓨터를 한번 재시동해 보아라.

0941-0950

___학년 ___반 이름 ______

년 월 일 | 암기 단어수 ◯◯/ 10

단어의 발음과 뜻을 듣고 따라 말하면서 6회 써 보세요.

0941

community*
[kəmjúːnəti]
명 주민, 지역 사회

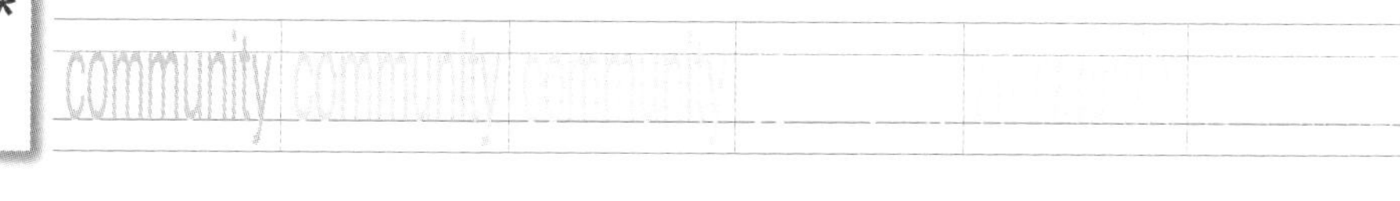

0942

jacket
[dʒǽkit]
명 재킷, 상의

0943

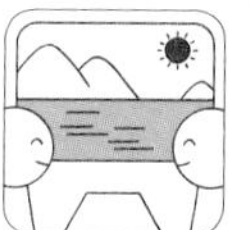

scene
[síːn]
명 현장, 장면, 풍경

0944

uniform*
[júːnəfɔ̀ːrm]
명 제복, 군복, 교복

0945

curious*
[kjúəriəs]
형 궁금한, 호기심이 많은

0946

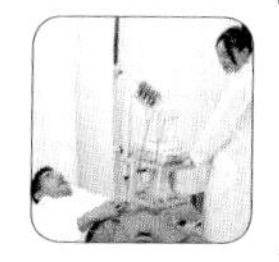

examine
[igzǽmin]
동 검사하다, 진찰하다

0947

pack
[pǽk]
명 꾸러미

0948

bottom**
[bátəm]
명 밑, 기초, 바닥

0949

1+2+3+
······+98
+99+100
=???

total*
[tóutl]
형 전체의, 전적인

0950

either
[íːðər]
형 어느 한쪽의

____학년 ______반 이름 ____________

DAY 48 0951-0960

년 월 일 | 암기 단어수 ◯◯ / 10

단어의 발음과 뜻을 듣고 따라 말하면서 6회 써 보세요.

0951

dictionary
[díkʃənèri]
명 사전

dictionary dictionary dictionary

0952

noodle
[nú:dl]
명 국수

noodle noodle noodle

0953

song
[sɔ́:ŋ]
명 노래, 지저귐

song song song

0954

weekend
[wí:kènd]
명 주말

weekend weekend weekend

0955

important*
[impɔ́:rtənt]
형 중요한, 중대한

important important important

0956

flow*
[flóu]
동 흐르다, 넘쳐 나다

flow flow flow

0957

record
[rékərd]
동 기록하다, 녹음하다

record record record

0958

fair**
[fέər]
형 공정한, 상당한

fair fair fair

0959

backward*
[bǽkwərd]
부 뒤쪽으로, 거꾸로

backward backward backward

0960

master*
[mǽstər]
명 주인, 달인

master master master

0941-0950

____학년 ______반 이름 ____________

년 월 일 | 맞힌 단어수 ◯◯ / 10

단어와 뜻을 듣고 빈칸에 단어를 넣어 문장을 완성하세요. 그런 다음, 듣고 따라 말하면서 문장을 외우세요.

0941 She worked very hard for her c__________.
그녀는 지역 사회를 위해 매우 열심히 일했다.

0942 He bought the j__________ in this shop.
그는 이 상점에서 그 재킷을 구입했다.

0943 I will never forget the last s__________ of the movie.
나는 그 영화의 마지막 장면을 결코 잊지 못할 것이다.

0944 The policeman is wearing a u__________.
그 경찰관은 제복을 입고 있다.

0945 The doctor worried about his c__________ behavior.
그 의사는 그의 호기심 많은 행동에 대해 걱정했다.

0946 He e__________d his car after an accident.
그는 사고 후에 그의 차를 검사했다.

0947 I bought a p__________ of Christmas cards.
나는 크리스마스카드 한 꾸러미를 샀다.

0948 Please write your address at the b__________.
밑에 주소를 써 주세요.

0949 The t__________ cost is over one million dollars.
전체 비용은 백만 달러가 넘는다.

0950 He has lived in Rome and Paris, but he doesn't like e__________ city very much.
그는 Rome과 Paris에 살았지만, 어느 도시도 별로 좋아하지 않는다.

필수 숙어

283 try out (팀 선발 등에) 나가다
He will try out for the baseball team. 그는 야구팀 선발에 나갈 것이다.

284 turn A into B A를 B로 변화시키다
The magician turned the flower into the bird. 마술사는 꽃을 새로 변화시켰다.

285 turn around 돌아서다, 몸을 돌리다
She turned around and waved to me. 그녀는 돌아서서 내게 손을 흔들었다.

DAY 48 Word Test 0951-0960

년 월 일 | 맞힌 단어수 ◯◯ / 10

단어와 뜻을 듣고 빈칸에 단어를 넣어 문장을 완성하세요. 그런 다음, 듣고 따라 말하면서 문장을 외우세요.

0951 He lent me his d__________ yesterday.
그는 어제 나에게 그의 사전을 빌려 주었다.

0952 She is sick of eating n__________s every day.
그녀는 매일 국수를 먹는 데 질렸다.

0953 My favorite s__________ was sung in English.
내가 가장 좋아하는 노래는 영어로 불려졌다.

0954 I went fishing last w__________.
나는 지난 주말에 낚시하러 갔다.

0955 She thinks that cooking is more i__________.
그녀는 요리가 더 중요하다고 생각한다.

0956 The river f__________s into the East Sea.
그 강은 동해로 흐른다.

0957 The TV show r__________ed the highest viewing rate yesterday.
그 TV 쇼는 어제 최고의 시청률을 기록했다.

0958 It's not f__________, so I don't agree with you.
그것은 공평하지 않다. 그래서 나는 너에게 동의할 수 없다.

0959 He walked b__________ and ran away from them.
그는 뒷걸음으로 걸어서 그들에게서 달아났다.

0960 He is the m__________ in this area.
그는 이 지역의 주인이다.

필수 숙어

286 turn away 외면하다
She turned away from me when I saw her. 내가 그녀를 봤을 때 그녀는 나를 외면했다.

287 turn off ~ ~을 끄다 (↔ turn on ~)
Don't forget to turn off the switch. 잊지 말고 스위치를 꺼라.

288 turn out ~ ~인 것으로 드러나다, ~인 것으로 밝혀지다
The truth turned out to be a lie. 진실은 거짓말인 것으로 드러났다.

단어의 발음과 뜻을 듣고 따라 말하면서 6회 써 보세요.

0961

cartoon
[kɑːrtúːn]
명 만화, 연재만화

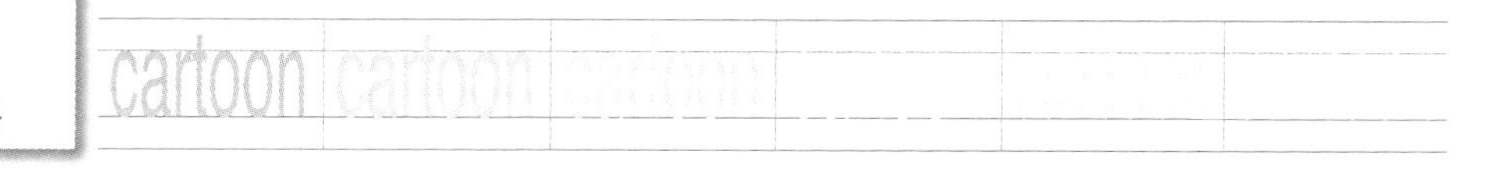

0962

garbage
[gáːrbidʒ]
명 쓰레기

0963

palace
[pǽlis]
명 궁전

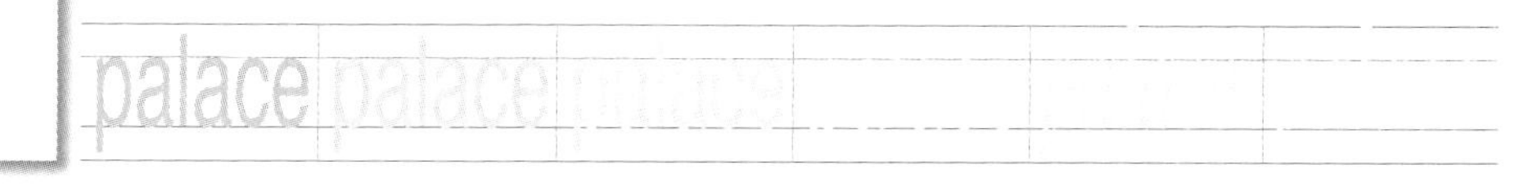

0964
universe*
[júːnəvə̀ːrs]
명 우주, 은하계

0965
terrible**
[térəbl]
형 끔찍한, 심한

0966

bake
[béik]
동 굽다

0967

bill
[bíl]
명 계산서, 청구서

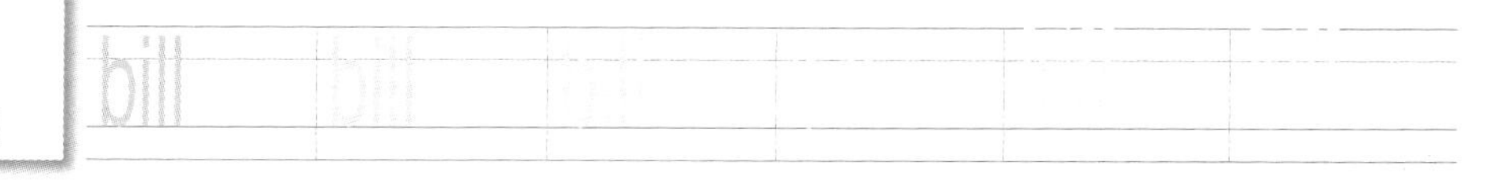

0968

list
[líst]
동 목록을 작성하다

0969

recycle
[rìːsáikl]
동 재활용하다

0970

sink*
[síŋk]
동 가라앉다, 침몰시키다

DAY 49 0971-0980

년 월 일 | 암기 단어수 ◯◯ / 10

단어의 발음과 뜻을 듣고 따라 말하면서 6회 써 보세요.

0971

classmate
[klǽsmèit]
명 급우, 반 친구

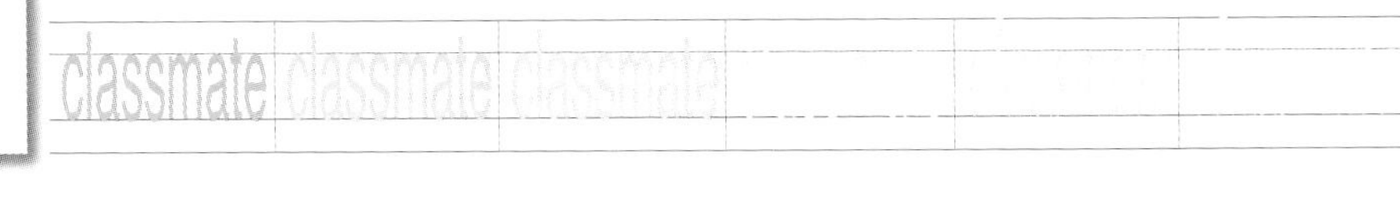

classmate classmate classmate

0972

habit*
[hǽbit]
명 버릇, 습관

habit habit habit

0973

pleasure*
[pléʒər]
명 기쁨, 즐거움

pleasure pleasure pleasure

0974

electric
[iléktrik]
형 전기의

electric electric electric

0975

apart
[əpá:rt]
부 떨어져, 산산이

apart apart apart

0976

compare**
[kəmpέər]
동 비교하다, 비유하다

compare compare compare

0977

bow*
[báu]
동 절하다

bow bow bow

0978
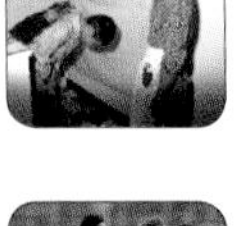

match
[mætʃ]
명 경기, 시합, 어울리는 사람

match match match

0979

roll
[róul]
명 두루마리, 통, 명부

roll roll roll

0980

tour
[túər]
명 여행, 관광

tour tour tour

0961-0970

___학년 ___반 이름 ______

년 월 일 | 맞힌 단어수 ◯◯ / 10

단어와 뜻을 듣고 빈칸에 단어를 넣어 문장을 완성하세요. 그런 다음, 듣고 따라 말하면서 문장을 외우세요.

0961 He likes watching political c__________s.
그는 정치 만화 보는 것을 좋아한다.

0962 We should put our g__________ in this place.
우리는 이 장소에 쓰레기를 버려야 한다.

0963 We can visit the p__________ during the weekend.
우리는 주말 동안 그 궁전을 방문할 수 있다.

0964 It's an article about the origin of the u__________.
그것은 우주의 기원에 대한 기사이다.

0965 There was a t__________ war in this country.
이 나라에 끔찍한 전쟁이 있었다.

0966 When she was hungry, she b__________d some cookies.
배가 고프면 그녀는 쿠키를 구웠다.

0967 I will print your b__________.
나는 당신의 계산서를 인쇄할 것이다.

0968 I l__________ed my favorite songs.
나는 내가 가장 좋아하는 노래의 목록을 작성했다.

0969 They are always trying to r__________ waste.
그들은 항상 쓰레기를 재활용하려고 애쓴다.

0970 The boat began to s__________.
배가 가라앉기 시작했다.

필수 숙어

289 up to ~ ~까지
The Olympic Stadium holds up to 100,000 spectators. 올림픽 경기장은 관중을 십만 명까지 수용한다.

290 wait for ~ ~을 기다리다
Wait for a while, I'll hurry up. 잠시만 기다려, 서두를게.

291 wake up ~ ~를 깨우다
Wake me up before you go out. 네가 나가기 전에 나를 깨워라.

학년 반 이름

DAY 49 Word Test 0971-0980

년 월 일 | 맞힌 단어수 / 10

단어와 뜻을 듣고 빈칸에 단어를 넣어 문장을 완성하세요. 그런 다음, 듣고 따라 말하면서 문장을 외우세요.

0971 I like to play soccer with my c__________s in the playground.
나는 반 친구들과 운동장에서 축구하는 것을 좋아한다.

0972 Old h__________s die hard.
오래된 버릇은 고치기 힘들다. (세 살 버릇 여든까지 간다.)

0973 Meeting her again was a real p__________ to me.
그녀를 다시 만나는 것은 나에게 진정한 즐거움이었다.

0974 I didn't pay the e__________ bill last month.
나는 지난달 전기 요금을 납부하지 않았다.

0975 They are standing three meters a__________ from each other.
그들은 서로 3미터 떨어져 서 있다.

0976 He c__________d the two cars carefully.
그는 그 두 대의 차를 신중하게 비교했다.

0977 They b__________ed to the king.
그들은 왕에게 절했다.

0978 The soccer m__________ kicks off at 3:00 p.m.
그 축구 시합은 오후 세 시에 시작한다.

0979 We must buy a r__________ of film.
우리는 필름 한 통을 사야 한다.

0980 I'll make a t__________ plan with my family.
나는 나의 가족과 함께 여행 계획을 세울 것이다.

필수 숙어

292 walk up and down 이리저리 걸어 다니다
I walked up and down looking for the museum. 나는 그 박물관을 찾아 이리저리 걸어 다녔다.

293 warn A about B A에게 B를 경고하다
The doctor warned him about the cancer. 의사는 그에게 암을 경고했다.

294 wear ~ out ~를 완전히 지치게 하다
The kids have worn their mother out. 그 아이들은 그들의 어머니를 완전히 지치게 했다.

DAY 50 0981-0990

___학년 ___반 이름 ______

년 월 일 | 암기 단어수 ◯◯ / 10

단어의 발음과 뜻을 듣고 따라 말하면서 6회 써 보세요.

0981

customer* [kʌ́stəmər]
명 손님, 고객

0982

hometown [hóumtàun]
명 고향

0983
pumpkin [pʌ́mpkin]
명 호박

0984
false* [fɔ́:ls]
형 그릇된, 거짓의, 가짜의

0985

yet [jét]
부 아직, 이미

0986

suppose** [səpóuz]
동 가정하다, 추측하다

0987

focus* [fóukəs]
명 주목, 초점

0988
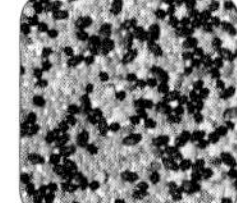
mix [míks]
동 섞다, 혼합하다

0989

score [skɔ́:r]
명 득점, 점수

0990
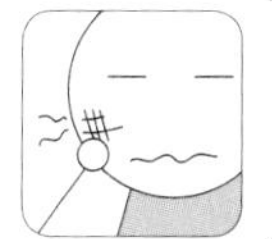
sore* [sɔ́:r]
형 아픈, 따가운

___학년 ______반 이름 ____________

DAY 50 0991-1000

년 월 일 | 암기 단어수 ◯◯ / 10

단어의 발음과 뜻을 듣고 따라 말하면서 6회 써 보세요.

0991

difference*
[dífərəns]
명 차이, 다름

difference difference difference

0992

noon
[nú:n]
명 정오, 한낮

noon noon noon

0993

strength**
[stréŋkθ]
명 힘, 세기

strength strength strength

0994

impossible
[impásəbl]
형 불가능한

impossible impossible impossible

0995

advise*
[ædváiz]
동 충고하다, 조언하다

advise advise advise

0996

weigh*
[wéi]
동 무게가 ~이다

weigh weigh weigh

0997

jog
[dʒág]
동 조깅 하다

jog jog jog

0998

praise*
[préiz]
동 칭찬하다

praise praise praise

0999
shape*
[ʃéip]
동 형성하다, 구체화하다

shape shape shape

1000

except
[iksépt]
전접 ~을 제외하고

except except except

0981-0990

____학년 ______반 이름 ____________

년 월 일 | 맞힌 단어수 ◯◯ / 10

단어와 뜻을 듣고 빈칸에 단어를 넣어 문장을 완성하세요. 그런 다음, 듣고 따라 말하면서 문장을 외우세요.

0981 Our principle is that the c______________ is king.
우리의 원칙은 고객은 왕이라는 것이다.

0982 I want to visit your h______________.
나는 너의 고향을 방문하고 싶다.

0983 She is cooking p______________ pie for me.
그녀는 나를 위해 호박 파이를 만들고 있다.

0984 He thought that the rumor was f______________.
그는 그 소문이 거짓이라고 생각했다.

0985 I'm not ready to study y______________.
나는 아직 공부할 준비가 안 되었다.

0986 Let's s______________ you love her.
당신이 그녀를 사랑한다고 가정해 보자.

0987 He is adjusting the f______________ of the camera.
그는 카메라의 초점을 맞추고 있다.

0988 M______________ the eggs and sugar.
달걀과 설탕을 섞어라.

0989 I'll tell you the final s______________.
나는 너에게 최종 득점을 말해 줄 것이다.

0990 I have a s______________ throat.
나는 목이 아프다.

필수 숙어

295 win first place 일등을 하다
You will win first place next year. 너는 내년에는 일등을 할 것이다.

296 wish ~ good luck ~에게 행운을 빌다
I wish her good luck. 나는 그녀의 행운을 빈다.

297 with all one's might 온 힘을 다하여
I pulled the door with all my might. 나는 온 힘을 다하여 그 문을 당겼다.

학년 반 이름

Word Test 0991-1000

년 월 일 | 맞힌 단어수 / 10

단어와 뜻을 듣고 빈칸에 단어를 넣어 문장을 완성하세요. 그런 다음, 듣고 따라 말하면서 문장을 외우세요.

0991 There is no d________ between the two items.
그 두 항목 사이에는 차이가 없다.

0992 The meeting will begin at n________.
회의는 정오에 시작될 것이다.

0993 There is a limit to the girl's s________.
그 소녀의 힘에는 한계가 있다.

0994 It is i________ for me to go to the movies with him.
내가 그와 함께 영화를 보러 가는 것은 불가능하다.

0995 The doctor a________d me to take a rest.
그 의사는 나에게 휴식을 취하라고 충고했다.

0996 The elephant didn't w________ one hundred kilograms.
그 코끼리는 무게가 백 킬로그램이 되지 않았다.

0997 We j________ every morning.
우리는 매일 아침 조깅 한다.

0998 He p________d his daughter for cleaning her room.
그는 그의 딸이 방 청소한 것을 칭찬했다.

0999 Humans began to s________ stones into tools.
인간들은 돌을 도구 모양으로 만들기 시작했다.

1000 We all went to the park e________ him.
우리는 그 외에는 전부 공원에 갔다.

필수 숙어

298 with one's eyes closed 눈을 감은 채
I listened to the sound of the wind with my eyes closed. 나는 눈을 감은 채 바람 소리에 귀를 기울였다.

299 work wonders 놀라운 효과를 보이다
This pill works wonders for headache. 이 약은 두통에 놀라운 효과를 보인다.

300 write down ~ ~을 쓰다, ~을 받아 적다
Please write down your address on the top right. 오른쪽 상단에 주소를 써 주세요.

불규칙동사 변화형 140개

'동사원형-과거형-과거분사형'이 불규칙하게 변화하는 주요 동사들을 모아 정리하였습니다.

	동사	의미	과거형	과거분사형
001	be	~이다	was/were	been
002	bear	견디다	bore	borne/born
003	beat	~을 치다	beat	beaten
004	become	~이 되다	became	become
005	begin	시작하다	began	begun
006	bend	굽히다	bent	bent
007	bet	(돈을) 걸다	bet/betted	bet/betted
008	bind	묶다	bound	bound
009	bite	물다	bit	bitten
010	bleed	출혈하다	bled	bled
011	blow	(바람이) 불다	blew	blown
012	break	부수다	broke	broken
013	breed	낳다	bred	bred
014	bring	가져오다	brought	brought
015	build	건축하다	built	built
016	burn	태우다	burned/burnt	burned/burnt
017	burst	파열하다	burst	burst
018	buy	사다	bought	bought
019	cast	던지다	cast	cast
020	catch	잡다	caught	caught
021	choose	선택하다	chose	chosen
022	come	오다	came	come
023	cost	(비용이) 들다	cost	cost
024	cut	자르다	cut	cut
025	deal	다루다	dealt	dealt
026	dig	(땅을) 파다	dug	dug
027	dive	잠수하다	dived/dove	dived/dove
028	do	~을 하다	did	done
029	draw	당기다, 그리다	drew	drawn
030	dream	꿈꾸다	dreamt/dreamed	dreamt/dreamed
031	drink	마시다	drank	drunk
032	drive	운전하다	drove	driven
033	eat	먹다	ate	eaten
034	fall	떨어지다	fell	fallen
035	feed	기르다	fed	fed
036	feel	느끼다	felt	felt
037	fight	싸우다	fought	fought
038	find	발견하다	found	found
039	flee	달아나다	fled	fled
040	fly	날다	flew	flown
041	forget	잊다	forgot	forgotten
042	forgive	용서하다	forgave	forgiven
043	freeze	얼다	froze	frozen
044	get	얻다	got	got/gotten
045	give	주다	gave	given
046	go	가다	went	gone
047	grind	(맷돌로) 빻다	ground	ground
048	grow	성장하다	grew	grown
049	hang	달아매다	hung	hung
050	have	가지다	had	had
051	hear	듣다	heard	heard
052	hide	숨기다	hid	hidden
053	hit	때리다	hit	hit
054	hold	(손에) 들다	held	held
055	hurt	다치게 하다	hurt	hurt
056	keep	유지하다	kept	kept
057	kneel	무릎을 꿇다	knelt/kneeled	knelt/kneeled
058	knit	뜨다, 뜨개질을 하다	knit/knitted	knit/knitted
059	know	알다	knew	known
060	lay	눕히다	laid	laid
061	lead[li:d]	인도하다	led[led]	led[led]
062	lean	기대다	leant/leaned	leant/leaned
063	leap	(껑충) 뛰다	leapt/leaped	leapt/leaped
064	learn	배우다	learnt/learned	learnt/learned
065	leave	떠나다	left	left
066	lend	빌리다	lent	lent
067	let	~하게 시키다	let	let
068	lie	눕다	lay	lain
069	light	(불을) 붙이다	lit/lighted	lit/lighted
070	lose[lu:z]	잃다	lost[lɔst]	lost[lɔst]

	동사	의미	과거형	과거분사형
071	make	만들다	made	made
072	mean[mi:n]	의미하다	meant[ment]	meant[ment]
073	meet	만나다	met	met
074	mow	(풀 등을) 베다	mowed	mown/mowed
075	pay	지급하다	paid	paid
076	prove	입증하다	proved	proved/proven
077	put	놓다	put	put
078	quit	그만두다	quit/quitted	quit/quitted
079	read[ri:d]	읽다	read[red]	read[red]
080	rid	없애다	rid/ridded	rid/ridded
081	ride	(탈것을) 타다	rode	ridden
082	ring	(종 등이) 울리다	rang	rung
083	rise	오르다	rose	risen
084	run	달리다	ran	run
085	saw	톱질하다	sawed	sawn/sawed
086	say	말하다	said	said
087	see	보다	saw	seen
088	seek	찾다	sought	sought
089	sell	(물건을) 팔다	sold	sold
090	send	보내다	sent	sent
091	set	(물건을) 놓다	set	set
092	sew	바느질하다	sewed	sewn/sewed
093	shake	흔들다	shook	shaken
094	shed	(눈물 등을) 흘리다	shed	shed
095	shine	빛나다	shone	shone
096	shoot	(총 등을) 쏘다	shot	shot
097	show	보여 주다	showed	shown/showed
098	shut	(문 등을) 닫다	shut	shut
099	sing	노래하다	sang	sung
100	sink	가라앉다	sank	sunk
101	sit	앉다	sat	sat
102	sleep	잠자다	slept	slept
103	slide	미끄러지다	slid	slid
104	smell	냄새를 맡다	smelt/smelled	smelt/smelled
105	sow	(씨를) 뿌리다	sowed	sown/sowed

	동사	의미	과거형	과거분사형
106	speak	말하다	spoke	spoken
107	spell	철자를 말하다	spelt/spelled	spelt/spelled
108	spend	(돈 등을) 쓰다	spent	spent
109	spill	엎지르다	spilt/spilled	spilt/spilled
110	spin	(실을) 잣다	spun	spun
111	spit	(침을) 뱉다	spat	spat
112	split	쪼개다	split	split
113	spoil	망치다	spoilt/spoiled	spoilt/spoiled
114	spread	펼치다	spread	spread
115	spring	뛰어오르다	sprang/sprung	sprung
116	stand	서다	stood	stood
117	steal	훔치다	stole	stolen
118	stick	(풀 등으로) 붙이다	stuck	stuck
119	strike	때리다, 충돌하다	struck	struck
120	string	실에 꿰다	strung	strung
121	strive	노력하다	strove/strived	striven/strived
122	swear	맹세하다	swore	sworn
123	sweep	청소하다	swept	swept
124	swell	부풀다	swelled	swollen/swelled
125	swim	수영하다	swam	swum
126	swing	흔들다	swung	swung
127	take	(손 등으로) 잡다	took	taken
128	teach	가르치다	taught	taught
129	tear[teər]	찢다	tore	torn
130	tell	말하다	told	told
131	think	생각하다	thought	thought
132	throw	던지다	threw	thrown
133	understand	이해하다	understood	understood
134	wake	잠이 깨다	woke/waked	woken/waked
135	wear	입고 있다	wore	worn
136	weave	(천을) 짜다	wove	woven
137	weep	눈물을 흘리다	wept	wept
138	win	이기다	won	won
139	wind[wáind]	(실 등을) 감다	wound[wáund]	wound
140	write	쓰다	wrote	written